鬼谷子

珍藏版

于立文 主编

柒

辽海出版社

目 录

第十章 谋 篇

谋篇第一 …………………………………………（3）
一、阻止齐国的战争 ……………………………（6）
二、触龙说赵太后 ………………………………（9）
三、曹操用兵神速 ………………………………（12）
四、诸葛谋攻司马 ………………………………（13）
五、诸葛亮诈取城池 ……………………………（19）
六、飞将军机智脱险 ……………………………（21）
七、飞将军巧设疑兵 ……………………………（23）
八、刘备一言送吕布 ……………………………（24）
九、哀鸿遍野 ……………………………………（25）

一〇、逼上梁山 ………………………… (26)
一一、哀兵必胜 ………………………… (28)
一二、兵贵神速 ………………………… (29)
一三、长驱直入 ………………………… (31)
一四、鲁人窃糟 ………………………… (32)
一五、美女入室，恶女之仇 …………… (33)
一六、蒙鸠为巢 ………………………… (34)
一七、明哲保身 ………………………… (35)
一八、模棱两可 ………………………… (36)
一九、打草惊蛇的王鲁 ………………… (37)

谋篇第二 …………………………………… (40)
一、比干剖心 …………………………… (41)
二、不教而诛 …………………………… (43)
三、城下之盟 …………………………… (44)
四、疾风扫落叶 ………………………… (45)
五、莫知其丑 …………………………… (47)
六、暮夜无知 …………………………… (48)
七、猱搔虎痒 …………………………… (51)
八、皮里春秋 …………………………… (52)
九、僻性畏热 …………………………… (53)

一〇、李斯以言进身 …………………… (54)

一一、魏王背道而驰 …………………… (56)

一二、弦高智退秦军 …………………… (58)

一三、文信侯的出走 …………………… (62)

一四、安平君的功劳 …………………… (65)

一五、韩信巧借洪水计 ………………… (68)

一六、韩信暗度陈仓 …………………… (71)

一七、刘秀智勇破界军 ………………… (73)

一八、赤眉军中计 ……………………… (75)

一九、蜀国上演空城计 ………………… (76)

二〇、李广处乱不惊 …………………… (78)

二一、长孙晟的离间计 ………………… (80)

二二、讨伐宇文化及 …………………… (83)

二三、谋策正确的瞰欲谷 ……………… (85)

谋篇第三 …………………………………… (88)

一、不知天寒 …………………………… (90)

二、豺狼当道 …………………………… (91)

三、坚壁清野 …………………………… (92)

四、减灶之计 …………………………… (94)

五、骄兵必败 …………………………… (95)

　　六、平地风波 …………………………………（97）
　　七、攀龙附凤 …………………………………（98）
　　八、钱能通神 …………………………………（99）
　　九、强龙不压地头蛇 …………………………（100）
　　一〇、秦氏好古 ………………………………（101）
　　一一、毛遂自荐巧立功 ………………………（102）
　　一二、孙武斩宠妃 ……………………………（106）
　　一三、孙膑围魏救赵 …………………………（109）
　　一四、孙膑减灶杀庞涓 ………………………（112）
　　一五、"添"兵妙计 ……………………………（116）
　　一六、诸葛亮计赚南安 ………………………（117）
　　一七、火烧新野 ………………………………（118）
　　一八、周瑜除蒋干 ……………………………（122）
　　一九、王镇恶奇袭江陵 ………………………（124）
　　二〇、张巡智斗令狐潮 ………………………（127）
　　二一、赵遹纵火取胜 …………………………（134）
　　二二、韩世忠大胜金兵 ………………………（138）
　　二三、放走间谍的岳飞 ………………………（140）

谋篇第四 …………………………………………（143）
　　一、黄帝施计平天下 …………………………（146）

二、茅焦解衣服刑 …………………………… (148)

三、齐姜扮装救国 …………………………… (151)

四、李牧计战匈奴 …………………………… (157)

五、诈死计 …………………………………… (159)

六、弹冠相庆 ………………………………… (160)

七、金城汤池 ………………………………… (161)

八、厉兵秣马 ………………………………… (162)

九、过五关，斩六将 ………………………… (163)

一〇、以敌制敌 ……………………………… (165)

一一、帝不果筋 ……………………………… (167)

一二、蛤蟆夜哭 ……………………………… (168)

一三、柳营试马 ……………………………… (169)

一四、人鬼可畏 ……………………………… (172)

一五、人面桃花 ……………………………… (172)

一六、太宗传位 ……………………………… (173)

一七、明神宗长子封王 ……………………… (175)

第十一章 决 篇

决篇第一 …………………………………………… (181)

一、与楚国同争 ……………………………… (182)

二、苻坚决心伐晋……………………（187）

三、陈胜吴广起义……………………（189）

四、虞诩通权达变……………………（191）

五、淮南王英布………………………（193）

六、刘邦与民约法三章………………（198）

七、项羽起义破釜沉舟………………（200）

八、张巡计守雅阳……………………（201）

九、张巡草人借箭……………………（202）

一〇、李光弼巧用攻心术……………（203）

一一、官官相护………………………（205）

一二、柜中刺史………………………（207）

一三、披坚执锐………………………（207）

一四、旗鼓相当………………………（209）

一五、桑中生李………………………（211）

一六、人弃我取………………………（212）

一七、人无远虑，必有近忧…………（213）

一八、发动叛乱的安禄山……………（214）

一九、光绪帝变法维新………………（219）

决篇第二……………………………………（224）

　　一、苛政猛于虎……………………（226）

二、如火如荼…………………………………（228）

三、声东击西…………………………………（229）

四、师直为壮…………………………………（230）

五、杀群牛喻…………………………………（231）

六、晋与楚之战………………………………（232）

七、韩信拔帜易帜……………………………（241）

八、决胜千里之外……………………………（242）

九、项羽骁勇善战……………………………（244）

一〇、拓拔焘攻克统万………………………（247）

一一、粮车藏兵的裴行俭……………………（249）

一二、李光弼巧设陷阱………………………（253）

一三、四战之地………………………………（254）

一四、所向无敌………………………………（256）

一五、投鞭断流………………………………（257）

一六、善治伛者………………………………（258）

一七、伯颜重击南宋军………………………（259）

一八、张献忠起义战…………………………（262）

决篇第三…………………………………………（266）

一、老不中书…………………………………（267）

二、率兽食人…………………………………（269）

三、先礼后兵……………………………（270）

四、先声夺人……………………………（272）

五、设为不宦……………………………（274）

六、三个臭皮匠，合成一个诸葛亮…………（275）

第十章 谋 篇

第十章 結論

第十章 谋篇

谋①篇第一

为人凡谋有道②,必得其所因③,以求其情④。审得其情,乃立三仪⑤。

三仪者,曰上、曰中、曰下。参以立焉,以生奇⑥。奇不知其所拥,始于古之所从。

故郑人之取玉也,必载司南之车⑦,为其不惑也。夫度材、量能、揣情者,亦事之司南也。故同情⑧而俱相亲者,其俱成者也;同欲而相疏者,其偏成者也;同恶而相亲者,其俱害者也;同恶而相疏者,其偏害者也。

故相益则亲,相损则疏,其数行⑨也,此所以察同异之分,其类一也⑩。

故墙坏于其隙,木毁于其节⑪,斯盖其分也。故变生事,事生谋,谋生计,计生仪,仪生说,说生进,进

生退，退生制，因以制于事⑫。故万事一道，而百度一数⑬也。

【注释】

①谋：谋划、手段、方法。

②凡谋有道：谋，指设谋，施说，提出主张。道，方法，规律。

③得其所因：得知其因由。因，指历史原因，外部原因。

④以求其情：推知其内情、欲求。

⑤三仪：指上智、中材、下愚而言。

⑥参以立焉，以生奇：假如参考三仪来评论人物，就可以施展卓越的策略。

⑦司南之车：指南车。

⑧同情：与下文"同欲"义同，即情欲、追求一致。

⑨数行：数，术。行，运行。

⑩其类一也：嘉庆无此句，道藏本无"其"字。

⑪故墙坏于其隙，木毁于其节：意谓事物的败坏由内因引起。

⑫制于事：制约着事物的发展。

⑬一数：意即同一个道理。

【译文】

凡是谋划策略，必须要知道所面临事情的起因，然后探求它的真实意图。仔细审察研究这些情况，即可制定三仪。

所谓三仪，就是指上、中、下三者。三者相互参验，相辅相成，就能产生解决问题的奇谋良策，奇谋良策无不通达易行，从古代开始就是这样做的。

所以郑国人去山里采玉石时坐着指南车，这是因为有了它就不会迷失方向。考察才干，估量能力，揣摩真情，也都以一定指导思想为基础。

因此思想相同的人在事后仍旧保持亲密关系，是由于共谋大事取得到了成功，大家都得了好处；情欲相同而事后关系疏远的人，是由于他们只有一部分人取得成功，获得了利益。同时被人憎恶而大家关系亲密，是由于大家一起受到了损害。同时被人憎恶而大家关系疏远，是由于只有一部分人受到了损害。

相互获取利益就能保持关系亲密，相互损害对方，就必然关系疏远。任何事情的道理都是这样。用这种方法观察同心还是异心，也是一样的道理。

墙壁倾颓是由于有了缝隙,树木的折断是由于有了节疤,这大概是它们的规律吧。所以事情是由于变化而产生的,事情是由于谋略而造成的,谋略是从计策中产生的,计划是从议论、讨论中产生的,议论是因为游说而产生,游说是因为进取而产生,进取是从退却而发生,退却是由于有制约而产生,因此用节制的办法来处理事情。可见任何事情的处理方式都是一样,任何计谋的产生法则也都是这样。

【感悟】

人的交往一般都是以一定的利益为基础的,对自己有利则相互间关系就亲密,对自己有害,相互间的关系就疏远。因此可以根据这个道理去观察人事,分析人事以利益去间离、引诱对方。

【故事】

一、阻止齐国的战争

齐国想进攻宋国,秦国派起贾前去阻止。齐国就联合赵国共同进攻宋国。秦昭王很生气,把怨恨都集结于赵国。赵国的李兑联合赵、韩、魏、燕、齐五国去攻打

第十章　谋篇

秦国，没有成功，于是就把诸侯的军队留在成皋，自己却暗中与秦国和解。同时又想和秦国联合进攻魏国，以此消除秦国对赵国的怨恨，另一方面也可以为自己取得封地。

魏昭王很不高兴。苏秦就到齐国去，对齐王说："我替您对魏王说：'赵、魏、韩三国都遭受过秦国的威胁，这次联合进攻秦国，是因为赵国的缘故。如果秦、齐、燕、韩、魏五国联合进攻赵国，赵国必定会灭亡。如果秦国赶走李兑，李兑只有死路一条。现在去讨伐秦国，实际上是在救李兑的性命。如今赵国把诸侯联军驻留在成皋，暗中出卖诸侯，和秦国勾结媾和，并且已订立了和约，还想联合秦国一起来进攻魏国，图谋为李兑夺取封地，这么一来，大王您尊崇赵国究竟又得到了什么好处呢？况且，大王您曾经亲自北渡漳水去邯郸拜访赵王，献出阴、成之地，割让葛、薛，用来作为赵国的屏障，而赵国却一点不为大王效力。现在又把河阳、姑密两地分给李兑的儿子，而李兑却勾结秦国攻打魏国，以便夺取陶邑。

大凡人只有通过比较才能知道贤与不贤，大王如果拿出对待赵国一半的诚意去联合齐国，又有哪个诸侯国

敢图谋大王您呢？大王您如果为齐国助力，就不会有称臣朝拜的屈辱，也没有割地的损失。齐国因为大王为齐国助力，就会赶在燕、赵两国之前出动所有的军队，在二千里以外的地方作战，不管是攻城，还是野战，齐国军队都会为大王打头阵当先锋。攻下城邑，割取河东之地，全都献给大王。从此以后，秦兵进攻魏国，齐国没有一次不是越过边境前来援救的。请问大王您用来报答齐国的做法又是如何呢？韩在楚国，距离齐国有三千里，大王却因此怀疑齐国，竟说齐国和秦国有私交。现在大王又扶持齐国的故相做国相，把赵将韩徐当作知己，把虞商作为贵客，大王竟然可以反倒对齐国产生怀疑吗？

"魏王听了这番话感到自己很理屈，所以很想事奉大王，特别怨恨赵国。我希望大王逐渐了解魏国而不要厌恶它。我请求替大王把秦国对魏国的怨恨转移到赵国去。希望大王您能暗中尊重赵国，而且不让秦国知道大王您看重赵国。秦国知道齐国看重赵国，那么我料想燕、韩、魏三国也必将看重赵国，而且都不敢和赵国对抗。这样，五国共同事奉赵国，赵国又与秦国结成联盟；赵国的地位一定会居于齐国之上。所以，我想让大王您使诸侯之间互相冲突，然后您暗暗从中进行调解。

大王可使韩、魏、燕三国与赵国发生冲突,派公玉丹暗中调解;让赵国和韩、魏两国发生冲突,派大臣我去进行调解;让韩、赵、魏三国和秦国发生冲突,派顺子从中说和;让所有诸侯和楚国发王冲突,派韩从中调解。这样,诸侯都会背弃秦国而投靠大王,而且不敢私下与秦国交往。大王的邦交稳定以后,看与五国中的谁友好对您有利,再从中加以选择。"

二、触龙说赵太后

赵太后刚刚主持国政,秦国就加紧攻赵。赵国向齐国请求救援。齐国说:"必须让长安君来做人质,我们才会出兵。"赵太后不肯,大臣们都极力劝谏。赵太后明确地告诫左右大臣们:"谁要是再提起叫长安君做人质的事,我一定吐他一脸唾沫。"

左师触龙言说自己想拜见太后,太后怒气冲冲地等待着他。触龙进宫后慢慢走上前去,走到太后跟前就向她谢罪,说:"老臣的脚有毛病,一直无法正常行走,很久没有拜见太后您了。虽然自己原谅自己,但仍然担心太后您的身体欠安,所以希望能拜见一下太后。"赵

鬼谷子

太后说:"我只能靠车子行动了。"触龙问:"每天饮食该不会减少吧?"太后说:"靠喝点粥维持。"触龙说:"老臣最近很不想吃东西,就勉强散散步,每天走上三四里,渐渐地喜欢吃东西了,身体也舒服了。"太后说:"我可做不到这点啊。"太后的脸色稍微缓和了些。

左师触龙说:"老臣我有个儿子叫舒祺,年龄最小,没什么出息。我已经年老体衰了,私下里很疼爱他。我希望他能充当一名王宫卫士,来保卫王宫,因此我冒死来向太后提出这一请求。"太后说:"好吧。他今年多大了?"触龙答道:"十五岁了。虽然年纪尚小,老臣还是想趁着自己没死之前把他托付给您。"太后说:"男子汉也疼爱自己的小儿子吧?"触龙答道:"比妇人家还厉害。"太后笑着说:"妇人家疼爱小儿子才特别厉害呢。"触龙说:"老臣私下里还认为您疼爱燕后要超过长安君呢。"太后说:"你错了,我疼爱燕后远不如疼爱长安君厉害。"触龙说:"为人父母的疼爱子女,就应该替他们做长远打算。您送别燕后时,在车下握着她的脚后跟,为她掉泪,因为您想到她要离家远嫁。这就是爱她啊!燕后走了以后,您并不是不想念她,祭礼时总是要替她祷告说:'千万别叫她回来。'这难道不是替她做长远打

第十章 谋篇

算,希望她的子孙世代为王吗?"太后说:"正是这样。"

左师触龙问:"从现在起,上推到三代以前,甚至推到赵氏立国的时候,赵王子孙被封侯的,他们的后代还有在侯位的吗?"太后答道:"没有。"触龙又问:"不只是赵国,就是其他诸侯的子孙,他们的后代还有在侯位的吗?"太后答道:"没有听说过。"触龙就说:"这些封君们,有些是自己取祸而亡;有些是祸患延及子孙而亡。难道说国君的子孙们都不会有好结果吗?只是因为他们地位尊贵却无功于国,俸禄丰厚但没有为国出力,只是拥有大量的金玉珍玩而已。现在您使长安君的地位很尊贵,又封给他肥沃的土地,给他很贵重的金玉珍玩,却不让他趁现在为国立功。有朝一日太后您不幸去世,长安君将依仗什么在赵国安身立命呢?老臣认为您替长安君打算得不够长远,所以说疼爱长安君不如疼爱燕后。"太后说:"好吧,那就任凭您怎样安排他吧!"于是为长安君准备一百辆随行的车辆,送他到齐国充当人质,齐国这才出兵援救赵国。

子义听说了这件事,感叹道:"君主的儿子,是骨肉之亲,尚且不能倚仗没有功勋的高位,没有劳绩的俸禄,来长期守住金玉珍玩,更何况是做臣子呢!"

 鬼谷子

三、曹操用兵神速

东汉末年,天下大乱,群雄四起。袁绍乘机扩大自己的实力,占据冀、青、幽、并四州(今山东、河北、山西等地区),成为北方势力最强的军阀。北面辽东、辽西、右北平(今河北东北部)三郡地区,居住着少数民族部落联盟,其中辽西单于蹋顿势力最强,袁绍采用和亲政策以笼络他们。

公元 200 年,袁绍和曹操在官渡(今河南中牟东北)大战。袁绍战败,不久病死。袁绍幼子袁尚乘机自立冀州牧,长子袁谭和袁尚发生矛盾。公元 203 年,曹操出兵讨伐,袁氏兄弟这能齐心协力一致对外。曹军刚一撤走,袁氏兄弟,竟自相残杀起来。公元 204 年,袁谭夺取安平、勃海、河间等郡,袁尚被迫投奔次兄袁熙。曹操乘机攻打袁谭。公元 205 年,曹军攻陷勃海郡城南皮,杀死袁谭。袁熙部将焦触、张南等乘机背叛,袁熙、袁尚只好投奔辽西的蹋顿单于。

蹋顿感念袁绍的恩泽,决心支持袁氏兄弟。经常派兵侵犯曹操,曹操深感忧虑。

第十章 谋篇

公元206年，曹操决定亲自率兵征讨北方三郡，消除边患。曹军走了一个多月才到达河间的易城（今河北雄县西北）。谋士郭嘉对曹操说："用兵贵在神速，使敌人难以预料。我们应当把辎重留下，派轻兵日夜兼程，深入敌境，出其不意发动进攻，这样才能取胜。"

曹操采纳了郭嘉的建议，亲自率领数千精兵轻装北进。在距离柳城还有一百多里的白狼山，曹军与蹋顿的数万骑兵相遇。双方兵力相差悬殊，曹军将士以一当十，士气高昂，奋勇杀敌。蹋顿军队大败，蹋顿和许多将领都死于乱军之中。

袁熙、袁尚听到这个消息，都慌忙向东逃跑，投奔辽东太守公孙康。曹操占领柳城后，就下令班师南归。有人问曹操为什么不乘胜追击，曹操说"不攻自破，他们会自相残杀的。"不出曹操所料，不久，袁熙、袁尚果然被公孙康杀掉。

四、诸葛谋攻司马

司马懿驻守西凉等处，诸葛亮认为是其伐魏的最大障碍，乃用马谡的反间计，使魏主曹睿将司马懿削职回

乡。诸葛亮计得逞大喜,即兴师北伐。蜀师旗开得胜,连取三城,魏国上下震栗,曹睿不得已乃起用司马懿。这时,原蜀将后降魏镇守上庸的孟达正与诸葛亮暗通,谋取两京:孟达取洛阳,诸葛亮取长安。诸葛亮知司马懿复职大惊,急致书孟达说:"近闻曹睿复诏司马懿起宛、洛之兵,若闻公举事,必先至矣。须万全提备,勿视为等闲也。"孟达览书,不以为然,却笑孔明心多。

"窃谓司马懿之事,不必惧也:宛城离洛阳约八百里,至新城一千二百里。若司马懿闻达举事,须表奏魏主:往复一月间事,达城池已固,诸将与三军皆在深险之地。司马懿即来,达何惧哉?

司马懿接复职诏后,忽得密报孟达谋反之事,司马懿说:"此贼必通诸葛亮,吾先擒之,诸葛亮定然心寒,自退兵也。"司马师说:"父亲可写表奏天子。"懿说:"若等圣旨,往复一月之间一事无及矣。"即传令教人马起程,一日要行二日之路,如迟立斩;又令参军梁畿赍檄星夜去新城,教孟达等准备进征,使其不疑。梁畿到新城传达司马懿的将令说:"司马都督今奉天子诏,起诸路军以退蜀兵。太守可集本部军马听候调遣。"达问道:"都督何日起程?"畿说:"此时约离宛城,望长安

第十章 谋篇

去了。"达暗喜说:"吾大事成矣!"大凡采取突然袭击战术的,必须伪装得好,以麻痹敌人,使其无备,即我要袭击彼而彼完全不意料到我要袭击,袭击才能得逞。司马懿正是这样做,他声东击西,使孟达上其套。孟达闻悉司马懿已离宛城赴长安,以为司马懿不知其举事,故认为"吾大事成矣"而沾沾自喜。讵料司马懿这时正向新城进军。懿在途中,缴获诸葛亮给孟达回书,看后大惊说:"世间能者所见皆同,吾机先被孔明识破。"遂星夜催军急行。未及十日,即抵新城,孟达措手不及,终被擒杀。

司马路擒杀孟达,诸葛亮谋取两京终成泡影,但从智力比赛看,输家只是孟达,司马懿和诸葛亮都是赢家,两人的智力半斤八两:两人都料事如神。

诸葛亮认为豁闻孟达举事。必先起宛、洛之兵先至,司马懿料孟达叛变必与诸葛亮通谋。两人都不谋而合。诸葛亮说:"曹睿既委任司马懿,逢寇即除何待奏闻?"司马懿说:"若等圣旨,往复一月之间,事无及矣。"两人都互相惊畏。诸葛亮知司马懿复职"大惊",告诫孟达不要轻举妄动;司马懿途中截获诸葛亮给孟达回书为之"大惊",想不到"吾机先被孔明识破"。

鬼谷子

而孟达和司马懿、诸葛亮相比,其愚智则有天渊之别:诸葛亮知司马懿复职告诫孟达"须万全提备",孟达却笑"孔明心多",要他"唯听捷报",司马懿派使要孟达听候调遣并伪说懿已去长安,孟达却暗喜说:"吾大事成矣!"

司马懿擒杀孟达后,即与张郃率领十五万大军来战诸葛亮。司马懿认为诸葛亮平生谨慎,不肯弄险,不会从子午径取长安,今必出军斜谷,来取郿城。而秦岭之西,有一条路,地名街亭;傍有一城,名列柳城:此二处皆是汉中咽喉。诸葛亮欺曹真无备,定从此进。故决定与张郃迳取街亭,以断其归路。诸葛亮行军,果如司马懿所料。诸葛亮闻悉司马懿大军前来,大惊说:

"今司马懿出关,必取街亭,断吾咽喉之路。"司马懿行军在诸葛亮的意料之中。因此,街亭决战是势所难免。司马懿能否夺取街亭,诸葛亮能否保卫街亭,是双方胜败的关键。

诸葛立即着手部署街亭保卫战。参军马谡请缨守街亭,诸葛亮说:"街亭虽小,干系甚重。倘街亭有失,吾大军皆休矣。汝虽深通谋略,此地奈无城郭,又无险阻,守之极难。"马谡以熟读兵书自夸,说:"若有差

第十章 谋篇

失,乞斩全家",并立下军令状。因马谡曾献"攻心计"服南人,又献反间计使司马懿被削职,诸葛以其有智,乃任他为守街亭主将,又派富有战争实践经验的王平为副将,再三叮嘱要小心谨守此地:下寨必当要道之处,使贼兵急切不能偷过。诸葛亮恐二人有失,又派高翔驻守列柳城为援。同时,唤大将魏延引本部兵去街亭之后屯扎,总守汉中咽喉。诸葛亮的部署,可说是十分到家,无可非议,唯一错误是用了纸上谈兵的马谡。他违背诸葛亮"下寨必当要道"之嘱,只知死啃兵书的片言只语:什么"凭高视下,势如破竹",什么"置之死地而后生",对于当时的形势,来犯的敌将、街亭的地形都不考虑。王平苦谏,再三重申诸葛亮"下寨必当要道"之嘱,认为:

"屯兵当道,筑起城垣,贼兵纵有十万,不能偷过。"马谡不听,坚持上山屯军,王平指出,若"魏兵骤至,四面围定",再断"我汲水之道,军士不战自乱"。马谡仍置之不理,自行其是,结果如王平所料,司马懿大军一至,即断其汲水之道,蜀军不战自乱,不听马谡指挥。魏军轻易地夺取了街亭。

街亭失守,蜀军处境极危。司马懿曾预料夺取街亭

后蜀军的去向:"亮若知吾断其街亭要路,绝其粮道,则陇西一境,不能安守,必然连夜奔回汉中去也。彼若回动,晋提兵于小路击之,可得全胜,若不归时,吾即将诸处小路,尽皆垒断,俱以兵守之。一月无粮,蜀兵皆饿死,亮必被吾擒矣。"

正如司马懿所料,蜀军唯一生路只有撤回汉中,诸葛亮一知街亭、列柳城尽失,跌足长叹说:"大事去矣!此吾之过也!"立即遣兵派将部署撤军。

当各路兵马刚分拨完毕,忽报:司马懿引大军十五万,望西城蜂拥而来。这时,诸葛亮身边别无大将,只有一班文官和二千五百军在城中。因此,众官尽皆失色。只有诸葛亮不慌不忙,大摆空城计,渡过了难关。在一座空城面前,率领十五万大军的司马懿为何不敢进,反而急退呢?这是因司马懿认为"亮平生谨慎,不曾弄险。今大开城门,必有埋伏"。诸葛亮也知司马懿知己"平生谨慎,必不弄险",所以一反"生平谨慎",来个"弄险",故引起司马懿大疑,不敢贸然进城。诸葛亮摆空城计,也出于形势所迫,正如他所说:"吾非行险,盖因不得已而用之。"以兵二千五百不可能与敌大军十五万战,如弃城而逃,必不能远遁,定为司马懿所擒。处此既不能战又不能逃脱的绝境,诸葛亮除摆空城计外,别无他法,当诸葛亮败局已定几乎被擒的时候,谁又料到用一空城计而能退敌军十五万?后来司马懿知是诸葛亮摆空城计后,仰天长叹说:"吾不如孔明也!"

五、诸葛亮诈取城池

赤壁大战,曹操大败,为了防止孙权北进,曹操派大将曹仁驻守南郡(今湖北公安县)。这时,孙权、刘备都在打南郡的主意。周瑜因赤壁大战,气势如虹,下令进兵,攻取南郡。刘备也把部队调到油江口驻扎,眼睛死死地盯住南郡。周瑜说:"为了攻打南郡,我东吴花多大的代价,南郡垂手可得。刘备休想做夺取南郡的美梦!"刘备为了稳住周瑜,首先派人到周瑜营中祝贺。周瑜心想,我一定要见见刘备,看他有何打算。第二天,周瑜亲自到刘备营中回谢,在酒席之中,周瑜单刀直入问刘备驻扎油江口,是不是要取南郡?刘备说:听说都督要攻打南郡,特来相助。如果都督不取,那我就去占领。周瑜大笑,说南郡指日可下,如何不取?刘备

说：都督不可轻敌，曹仁勇不可挡，能不能攻下南郡，话还不敢说。周瑜一贯骄傲自负，听刘备这么一说，很不高兴，他脱口而出："我若攻不下南郡，就听任豫州（即刘备）去取。"刘备盼的就是这句话，马上说："都督说得好，子敬（即鲁肃）、孔明都在场作证。我先让你去取南郡，如果取不下，我就去取。你可千万不能反悔啊。"周瑜一笑，哪里会把刘备放在心上。周瑜走后，诸葛亮建议按兵不动，让周瑜先去与曹兵厮杀。

周瑜发兵，首先攻下彝陵（今湖北宜昌）。然后乘胜攻打南郡，却中了曹仁诱敌之计，自己中箭而返。曹仁见周瑜中了毒箭受伤，非常高兴，每日派人到周瑜营前叫战。周瑜只是坚守营门，不肯出战。一天，曹仁亲自带领大军，前来挑战。周瑜带领数百骑兵冲出营门大战曹军。开战不多时，忽听周瑜大叫一声，口吐鲜血，坠于马下，被众将救回营中，原来这是周瑜定下的欺骗敌人的计谋，一时传出周瑜箭疮大发而死的消息。周瑜营中奏起哀乐，士兵们都戴了孝，曹仁闻讯，大喜过望，决定趁周瑜刚死，东吴没有准备的时机前去劫营，割下周瑜的首级，到曹操那里去请赏。

当天晚上，曹仁亲率大军去劫营，城中只留下陈矫

第十章 谋篇

带少数士兵护城。曹仁大军趁着黑夜冲进周瑜大营,只见营中寂静无声,空无一人。曹仁情知中计,急忙退兵,但是已经来不及了。只听一声炮响,周瑜率兵从四面八方杀出。曹仁好不容易从包围中冲出,退返南郡,又遇东吴伏兵阻截,只得往北逃去。

周瑜大胜曹仁,立即率兵直奔南郡。等周瑜率部赶到南郡,只见南郡城头布满旌旗。原来赵云已奉诸葛亮之命,乘周瑜、曹仁激战正酣之时,轻易地攻取了南郡。诸葛亮利用搜得的兵符,又连夜派人冒充曹仁救援,轻易地诈取了荆州、襄阳。周瑜这一回自知上了诸葛亮的大当,气得昏了过去。

六、飞将军机智脱险

汉武帝时,一次李广率领一万人马从雁门关出发去攻打匈奴。匈奴早就想活捉这位令他们闻风丧胆的"飞将军",闻知李广率军来攻,便悄悄布置好埋伏,单等李广的到来。

李广率领部队同匈奴人相遇了。'双方在战一场,匈奴兵很快便被杀得狼狈逃窜。李广见敌人溃逃,不知

是计，指挥汉军掩杀过去。突然，敌军伏兵从四面杀出，将汉军重重包围了起来，李广这才发觉中了匈奴人的埋伏。李广指挥汉军左冲右突，勇猛杀敌，想杀开一条血路，突出重围。匈奴兵也个个异常勇猛，因为他们知道，被围的汉将是李广，谁能活捉他便可升官晋爵。汉军抵敌不过，伤亡惨重。李广也负伤倒地，被匈奴人俘虏。

匈奴兵捉住李广后，大喜过望。他们见李广伤势不轻，便用绳子编成一张大网，把李广放在上面，吊在两匹马中间驮着。李广躺在大网中，闭着眼睛苦思脱身之计。他装出奄奄一息的样子，再加上染满鲜血的战袍，看上去真像一个生命垂危的重伤员。匈奴兵以为他伤势太重，已经失去知觉，便不严加看管，防止他逃走。李广纹丝不动地躺在吊网上，不时地悄悄睁开眼睛，观察四周的情况。他发现，匈奴人对他的看押并不十分严，心中大喜。

匈奴人押着俘虏走了10余里路，李广又一次偷偷睁开眼睛，他看见旁边一名匈奴兵骑着一匹十分健壮的马。便决定夺马而逃。他趁那名匈奴兵不注意，猛地一跃，跳到了他的背后，趁他来不及反应，迅速夺过他的

第十章 谋篇

弓箭,将他推下马,然后纵马向南奔去。

匈奴兵们先是一惊,眼睁睁地见李广快马加鞭逃走后,才反应过来,便气急败坏地追了上去。匈奴兵哇哇乱叫,并不断放箭射击。李广见匈奴兵追上来了,便张弓搭箭,一连射倒了几个跑在最前面的匈奴兵。匈奴人素知李广是神箭手,又见几个同伴已经中箭倒地,不由地有些心虚,不敢继续追击了。

李广马不停蹄地跑了几十里路,遇见了被打散的部下,便率领他们撤回了雁门关。

七、飞将军巧设疑兵

公元前144年,即汉景帝中元六年,飞将军率百余骑兵追击三名匈奴兵,当他们杀死了两人、活捉了一人,准备回军营时,不料被几千匈奴兵发现。李广的部下见匈奴兵人多,都慌了神,想赶快逃走。

李广却很镇静,他对部下说:"我们人少,离大本营10余里,如果逃跑。肯定逃脱不了匈奴人的追击,难免一死。如果我们不逃走,匈奴兵反倒会以为我们是疑兵,后面有大部队埋伏着,他们定然不敢贸然追击

的。"他命令士兵们骑马走到离匈奴阵地几里处停住，并下马解鞍，就地休息。"

匈奴兵看见这些汉兵都躺下休息，心想必有埋伏，果真不敢出击。一名匈奴将领想策马过来看个明白，被李广射杀。匈奴兵一时间拿不准汉军的虚实。双方僵持到半夜，也没有交战，倒是匈奴兵担心会遭汉军伏兵的袭击，撤回了营地。次日早上，李广率领百骑平安回营。

八、刘备一言送吕布

建安三年（公元198年），吕布又叛变替袁术出力，派高顺去小沛进攻刘备，刘备被击败。曹操派夏侯惇救刘备，被高顺战败。曹操亲自征讨吕布，抵达下邳城下，给吕布写了一信，为他分析了祸福利害。吕布打算投降，陈宫等认为自己负罪太多，阻拦他的计划。吕布派人向袁术求救，袁术亲自率领一千多人马出战，失利后逃走了，回去驻守城池，不敢出来。袁术也不能来援救。吕布尽管勇猛，但没有谋略且遇事猜测疑忌，无法驾驭他的党羽，只相信几个将领。而将领们又彼此意见不一，互不信任，所以每次战斗大多失败。曹操挖了壕沟围困下邳三个月,吕布部下离心离德,其部将侯成、宋宪、魏续捆绑陈宫,带领他们的军队投降曹操。吕布和部下登上白门楼。众兵包围情况危急,只好下楼投降。曹军于是活捉吕布并将之捆绑,吕布说:"绑得太紧了,稍微松一点。"曹操说:"捆绑老虎不能不紧啊。"吕布请求说:"您忧虑的不过是我吕布,今日我已降服,您争夺天下已用不着忧虑了。您率领步兵,让我吕布率领骑兵,那么天下完全可以平定了。"曹操面有疑色。这时刘备进言说:"您不是看到吕布怎么对待丁原和董卓吗?"曹操点点头。吕布因此指着刘备说:"这小子最不可信。"于是就绞杀了吕布。吕布、陈宫和高顺等都被砍了头送到许昌,然后埋葬了他们。

九、哀鸿遍野

"哀鸿遍野"形容到处可以看到呻吟呼号、流离失所的灾民。

此典出自《诗经·小雅·鸿雁》:"鸿雁于飞,肃肃其羽。之子于征,劬劳于野。爰及矜人,哀此鳏寡。鸿雁于飞,集于中泽。之子于垣,百堵皆作。虽则劬

鬼谷子

劳,其究安宅?鸿雁于飞,哀鸣嗷嗷。维此哲人,谓我劬劳。维彼愚人,谓我宣骄。"

春秋战国时代,诸侯间互相攻伐,战乱频繁,老百姓经常被派遣在外服役,诗人们便借用"鸿雁"为题,写诗来抒发百姓的心声。

诗的意思是:成双成对的雁儿在空中飞行,它们的翅膀发出沙沙声。那个人的儿子出门,到郊外去当牛做马为别人卖命。我们都是受苦难的人,可怜的是既老又无亲。一对对的鸿雁儿飞走了,一同聚集在湖沼里。那个人去筑墙,百丈墙身都已筑起;他尝尽了苦难,可是哪里又是他安身的地方呢?雁儿们已经飞去,它们在空中发出声声叫啼,理解我们的人,说我们是劳苦的;那些糊涂虫,还觉得我们不安分!

一〇、逼上梁山

"逼上梁山"比喻被迫进行反抗。也比喻不得不做出某种行动。

此典出自《水浒传》。

豹子头林冲,是北宋京都汴梁(今河南省开封市)

第十章 谋篇

八十万禁军枪棒教头。他为人忠厚正直、安分守己。

一天，林冲带着妻子去岳庙进香。途中，看到花和尚鲁智深在耍一把六十多斤重的浑铁禅杖。众人齐声叫好，林冲也被吸引过去观看。鲁智深与林冲两个好汉一见如故，结义为兄弟。正在这时，林冲妻子的侍女锦儿慌忙跑来报信说，林娘子在路上被歹人拦截。林冲急忙与鲁智深告辞，去岳庙追赶歹人。林冲抓住歹人举拳要打时，发现此人原来是他的顶头上司奸臣高俅的义子高衙内。高衙内一伙得知那女子是林教头的妻子，害怕打起来不是林冲的对手，便假惺惺地劝解："衙内不认识，多有冲撞。"说完，急忙把高衙内拉走。这时，鲁智深也急忙赶到，了解了情况要去追打高衙内，被林冲劝阻。林冲忍下了这口恶气。

高衙内逃走以后仍不死心，还想霸占林娘子。于是他与高太尉一起设计，以看刀为由将林冲骗进高府，诬陷林冲持刀闯入白虎节堂，将他下狱拷打。高俅一伙觉得不便在京杀害林冲，于是将林冲发配沧州（今属河北省）充军，同时买通差人，谋划在路经野猪林时将他杀害。鲁智深暗中保护林冲，大闹野猪林，高俅的阴谋未能得逞。

鬼谷子

到沧州后,林冲被分配看管草料场。高俅父子贼心不死,又派他们的心腹前往沧州,火烧草料场。这样,即使林冲不被烧死,也会因草料场失火而被处死。当草料场起火燃烧时,林冲听到高俅的心腹们得意地谈论暗害林冲的计谋。这时,林冲再也按捺不住心头的怒火,把仇人全部杀掉。毅然上了梁山,加入了梁山泊好汉的队伍。

一一、哀兵必胜

"哀兵必胜"比喻兵力相当的两军对垒,心情悲愤的一方必胜。后指受压迫、受欺凌而奋起反抗的一方必定取胜。

此典出自《老子》第六十九章:"祸莫大于轻敌,轻敌几丧吾宝(指国家的土地、人民、主权)。故抗兵相加,哀者胜矣。"

《老子》第六十九章,是老子关于军事问题的一篇论述。其主要论点是:

一、不要发动侵略的战争;

二、各国的国君都懂得"柔胜刚"的道理,天下就

没有战争了；

三、抗击侵略者时决不可轻敌；

四、反侵略的国家必胜。

老子说："古代用兵的人有这样的话：我不做主动挑起战争的'主'，而要做被迫进行战争的'客'。我不进入别国领土一寸之近，可以退回本国领土一尺之远。王侯能这样'守柔'，国家就将没有战争。这就是说，在军事行动中，可以没有行伍，不用严阵；可以不用袒露出胳臂，摆出争斗的架势；手里可以不持兵器，或许就不战而胜，要捉的敌人，或许根本没有了。这就是'柔弱胜刚强'的道理。如果真有敌人进攻，则决不可轻视。灾祸莫大于轻视敌人。轻视敌人，几乎要丧失我们的土地、人民和主权。两国打仗时，受侵略而怀着悲愤心情的一方，必将打胜仗。"

一二、兵贵神速

"兵贵神速"意思是用兵以行动特别迅速最为重要。

此典出自《三国志·魏志·郭嘉传》："大祖将征袁尚……嘉言曰：'兵贵神速。今千里袭人，辎重多，

难以趣利,且彼闻之,必为备;不如留辎重,轻兵兼道以出,掩其不意。'"

东汉末年,天下大乱,群雄四起。袁绍乘机扩大自己的实力,占据冀、青、幽、并四州(今山东、河北、山西等地区),成为北方势力最强的军阀。北面辽东、辽西、右北平(今河北东北部)三郡地区,居住着少数民族部落联盟,其中辽西单于蹋顿势力最强,袁绍采用和亲政策以笼络他们。

公元200年,袁绍和曹操在官渡(今河南中牟东北)大战。袁绍战败,不久病死。袁绍幼子袁尚乘机自立冀州牧,长子袁谭和袁尚发生矛盾。公元203年,曹操出兵讨伐,袁氏兄弟这能齐心协力一致对外。曹军刚一撤走,袁氏兄弟,竟自相残杀起来。公元204年,袁谭夺取安平、勃海、河间等郡,袁尚被迫投奔次兄袁熙。曹操乘机攻打袁谭。公元205年,曹军攻陷勃海郡城南皮,杀死袁谭。袁熙部将焦触、张南等乘机背叛,袁熙、袁尚只好投奔辽西的蹋顿单于。

蹋顿感念袁绍的恩泽,决心支持袁氏兄弟。经常派兵侵犯曹操,曹操深感忧虑。

公元206年,曹操决定亲自率兵征讨北方三郡,消

第十章　谋篇

除边患。曹军走了一个多月才到达河间的易城（今河北雄县西北）。谋士郭嘉对曹操说："用兵贵在神速，使敌人难以预料。我们应当把辎重留下，派轻兵日夜兼程，深入敌境，出其不意发动进攻，这样才能取胜。"

曹操采纳了郭嘉的建议，亲自率领数千精兵轻装北进。在距离柳城还有一百多里的白狼山，曹军与蹋顿的数万骑兵相遇。双方兵力相差悬殊，曹军将士以一当十，士气高昂，奋勇杀敌。蹋顿军队大败，蹋顿和许多将领都死于乱军之中。

袁熙、袁尚听到这个消息，都慌忙向东逃跑，投奔辽东太守公孙康。曹操占领柳城后，就下令班师南归。有人问曹操为什么不乘胜追击，曹操说"不攻自破，他们会自相残杀的。"不出曹操所料，不久，袁熙、袁尚果然被公孙康杀掉。

一三、长驱直入

根据曹操《劳徐晃令》中的话，后人用"长驱直入"这一典故比喻军队快速前进，如入无人之境。这句成语有时也写作"长驱径入"或"长驱直进"，意思

鬼谷子

相同。

此典出自曹操《劳徐晃令》:"吾用兵三十余年,及所闻古之善用兵者,未有长驱径(直)入敌围者也。"

东汉末年,徐晃,当过郡吏,骑都尉,后来归顺了曹操。徐晃精通军事,智勇过人,曾为曹操屡建战功,深得曹操赏识。为了夺取汉中,曹操命徐晃和夏侯渊把刘备阻拦在阳平。取得胜利以后,又奉命助曹仁征讨汉将关羽。徐晃利用声东击西的战术,大败关羽。事后,曹操给徐晃写信,赞扬了他大获全胜。信中说:我带兵打仗三十几年,所闻古代善用兵的将领,还没有长驱直入敌人包围圈的。你这次大获全胜,其功劳超过了古代的良将孙武和穰苴。

一四、鲁人窃糟

"鲁人窃糟"讽刺那些招摇撞骗、欺世盗名的人。

此典出自《郁离子》。

从前,鲁国人不会酿好酒,只有中山国的人才会酿造醇美浓烈的"千日之酒"。鲁国人便想得到中山人酿酒的方法,但却无法得到。

第十章 谋篇

有一个人在中山国做官,有一次他到酿酒人的家中喝酒,于是便偷了一些酒糟回去,并用鲁国的酒浸泡上。他对人们说:"这是中山国的酒呀!"鲁国人喝了,都以为真是中山国的好酒了。

有一天,中山国的那位酒家主人来了,听说这里有中山酒,就要来喝了一口,又立刻吐了出来,笑着说:"嗨!这是用我家酒糟泡出来的糟液呀!"

一五、美女入室,恶女之仇

"美女入室,恶女之仇"比喻道德品质好的人往往受别人妒忌。

此典出自《史记·外戚世家》:"邢夫人衣故衣,独身来前。尹夫人望见之,曰:'此真是也。'于是乃依头俯而泣,自痛其不如也。谚曰:'美女入室,恶女之仇。'"

汉武帝晚年,同时宠爱两个妃子尹夫人和邢夫人。汉武帝怕两人互相妒忌,就禁止她两人互相见面。尹夫人听说邢夫人长得很漂亮,便缠着汉武帝,要他安排一次见面的机会。汉武帝被她纠缠不过,就让另一个女人冒充邢夫人带着几十个随从来见尹夫人。尹夫人一见这

 鬼谷子

个女人就说:"这个人决不是邢夫人。"汉武帝诧异地问道:"你怎么知道?"尹夫人说:"依她的相貌、形态,决不会得到你的宠爱,所以她一定是假的。"于是汉武帝就叫邢夫人穿旧衣服来见尹夫人。尹夫人一见,就说:"这才是真的邢夫人啊!"越看越觉得自己没有邢夫人漂亮,就哭了起来。谚语说:"美女入室,恶女之仇",这话说得真没错啊!

一六、蒙鸠为巢

"蒙鸠为巢"说明基础稳固的重要,基础不稳,表面做得再好,也是经不起考验的。

此典出自《荀子·劝学》:"南方有鸟焉,名曰蒙鸠。以羽为巢,而编之以发,系之苇苕。风至苕折,卵破子死。"

巢非不完也,所系者然也。

这段话意思是说:

南方有一种鸟,名叫蒙鸠。这种鸟用软绵绵的羽毛做巢,又用长长的发丝编织起来,把它连结在芦苇的嫩花枝上。可是一阵大风刮过来时,芦苇的花枝被吹断

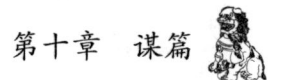

了,鸟蛋被打破,雏鸟也都摔死了。

巢并不是做得不精致呀,只是没有找对地方!

一七、明哲保身

"明哲保身"这句成语,原为褒义,指明智的人不参与可能危及自身的事。后来,这句成语逐渐转化为贬义,用以形容不顾集体,只想维护个人利益,回避原则斗争的庸俗作风。

此典出自《诗经·大雅》:"既明且哲,以保其身。"

周宣王时,有一个大臣叫兮甲,字伯吉父(一作甫),因官名叫尹,史书称他为尹吉甫。当时,猃狁古族名,殷周之际,主要分布在今陕西、甘肃北境及内蒙古自治区西部)迁居焦获,进攻到泾水北岸,尹吉甫于周宣王五年(公元前823年)率军又反攻到太原。又奉命在成周(今河南洛阳)负责征收南淮夷等族的贡赋。尹吉甫和另一个大臣仲山甫帮助周宣王扩大了统治地盘,是有功之臣。

有一次,周宣王派仲山甫筑城齐地,以防御外族的进攻。尹吉甫写了首诗送给仲山甫,称赞他的道德和才

能。诗中写道：仲山甫贤明智慧，明达事理，不参与可能危及自身的事。他日夜操劳，不敢懈怠，忠心耿耿地效忠周宣王一人。

一八、模棱两可

"模棱两可"比喻对问题的正反两面，含糊其辞，态度不明确。

此典出自《旧唐书·苏味道传》："处理不欲绝断明白，若有错误，必贻咎谴，但模棱以持两端可矣。时人由是号为'苏模棱'。"

唐朝有个叫苏味道的人，学识渊博，九岁的时候就会写诗作赋。他考中进士以后，被朝廷调到京城长安做官。由于他学识渊博，文章又写的好，因而官职升得很快，不久便当上了凤阁侍郎。可是没料到他竟吃了官司，被捉下狱。

苏味道被关押在监狱中，有一次武则天看见他独自一人坐在地上吃饭，觉得他挺可怜的，就放他出狱，让他到集州去当刺史。几年之后，朝廷又召他回来，任何他做天官侍郎，接着又恢复他凤阁侍郎的官位。然而不

第十章　谋篇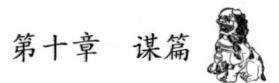

久他又被人弹劾，于是朝廷将他贬为坊州刺史。

苏味道经过这一番折腾，心中非常苦闷，做起事来也不用心了。下官找他审理案件，他总是用手摸着床棱，好长时间不说"是"，也不说"不是"，没有一个明确的态度。时间长了，人们便给他起了一个绰号："模棱手"。有人干脆叫他"苏模棱"，连姓名也忘了。

很多人不能理解苏味道的这种处事态度，又不便询问，只好在一旁叹息。有一次，一位老朋友向他提起了这件事情，苏味道感慨地说："你哪里知道啊，这是我大半辈子的痛苦经验决定事情不要说得太明白，那样如果错了必然要遭到人家指责，后悔也来不及啦。但是模棱以持两端就可以避免其祸了。"

苏味道在五十八岁那年，又被朝廷复升为益州长史。可是他还没有到任，就死在半路上了。

一九、打草惊蛇的王鲁

南唐时候，当涂县（（现安徽省马鞍山市下辖的一个县）的县令叫王鲁。这个县令贪得无厌，财迷心窍，见钱眼开，只要是有钱、有利可图，他就可以不顾是非

曲直,颠倒黑白。在他做当涂县令的任上,干了许多贪赃枉法的坏事。

常言说,上梁不正下梁歪。这王鲁属下的那些大小官吏,见上司贪赃枉法,便也一个个明目张胆干坏事,他们变着法子敲诈勒索、贪污受贿,巧立名目搜刮民财,这样的大小贪官竟占了当涂县官吏的十之八九。因此,当涂县的老百姓真是苦不堪言,一个个从心里恨透了这批狗官,总希望能有个机会好好惩治他们,出出心中怨气。

一次,适逢朝廷派员下来巡察地方官员情况,当涂县老百姓一看,机会来了。于是大家联名写了状子,控告县衙里的主簿等人营私舞弊、贪污受贿的种种不法行为。

状子首先递送到了县令王鲁手上。王鲁把状子从头到尾只是粗略看了一遍,这一看不打紧,却把这个王鲁县令吓得心惊肉跳,浑身上下直打哆嗦,直冒冷汗。原来,老百姓在状子中所列举的种种犯罪事实,全都和王鲁自己曾经干过的坏事相类似,而且其中还有许多坏事都和自己有牵连。状子虽是告主簿几个人的,但王鲁觉得就跟告自己一样。他越想越感到事态严重,越想越觉

第十章 谋篇

得害怕，如果老百姓再继续控告下去，马上就会控告到自己头上了，这样一来，朝廷知道了实情，查清了自己在当涂县的胡作非为，自己岂不是要大祸临头！

王鲁想着想着，惊恐的心怎么也安静不下来，他不由自主地用颤抖的手拿笔在案卷上写下了他此刻内心的真实感受："汝虽打草，吾已惊蛇。"写罢，他手一松，瘫坐在椅子上，笔也掉到地上去了。

谋篇第二

夫仁人轻货,不可诱以利,可使出费;勇士轻难,不可惧以患,可使据危;智者达于数,明于理,不可欺以诚,可示以道理,可使立功——是三才①也。

故愚者易蔽也②,不肖者易惧也——贪者易诱也,是因事而裁之。故为强者积于弱也;为直者,积于曲也;有余者,积于不足也——此其道术也③。

【注释】

①三才:指仁者、勇者、智者三种人才。

②愚者易蔽也:愚昧的人容易被蒙蔽。

③此其道术行也:这在于道术的巧妙运用。

【译文】

仁义之人轻视财货,故此不能用私利去引诱他,但可以让他们捐出财物；勇敢的壮士蔑视危难，所以不能用灾患去恐吓他，可以派他去抵御危难；有智慧的聪明人通达礼数，明白事理，不能用虚假欺骗他，可以用道理来晓喻他，使他建功立业。这是三种难得的人才。

愚蠢的人容易被蒙蔽，不肖的人容易被恐吓，贪婪的人易受诱惑，这就应该根据不同的情况采取不同的手段。所以，强是由弱不断累积而形成的，富足是由不足不断积累起来的。这是计谋权术的运用。

【感悟】

不同的人具有不同的强项和弱点，对待不同的人要采用不同的方法，要针对对方的弱点去要挟他，同时要顺随他的脾气和长处去利用他，这样就容易成功。

【故事】

一、比干剖心

"比干剖心"比喻忠臣被害。

此典出自《史记·殷本纪》："纣愈淫乱不止。微子数谏不听，乃与大师、少师谋，遂去。比干曰："为

人臣者，不得不以死争。"乃强谏纣。纣怒曰："吾闻圣人心有七窍。"剖比干，观其心。箕子惧，乃佯狂为奴，纣又囚之。殷之大师、少师乃持其祭乐器奔周。周武王于是遂率诸侯伐纣。"

我国商（殷）朝的最后一个王叫帝辛，也叫纣。他虽然有一定的历史功绩，但却是一个非常荒淫残暴的人，并且刚愎自用，不愿听从别人的劝告。

周武王已经准备讨伐殷纣王的时候，但是殷纣王却毫无改悔之意，并且越来越淫乱。他同父异母的哥哥微子启多次劝谏他改邪归正，纣王根本不听从他的劝告。无奈之下，微子就同太师、少师商议，一起躲藏到别的地方去。纣王的叔叔比干说："作为臣子，不得不冒死进谏。"于是，他对纣王强行劝谏。纣王大怒，说："我听说圣人的心有七个窍，我倒要看看你的心到底有几个窟窿！"他居然杀死比干，取出心来观赏。纣王的堂兄弟箕子恐惧万分，只好装疯卖傻扮作奴隶，但纣王还是把他囚禁了起来。殷朝有些太师、少师一类的大官，甚至偷偷地拿走太庙里的祭器、乐器，投奔了周武王。于是，周武王开始率领诸侯军，大举讨伐殷纣王。

二、不教而诛

"不教而诛"是从"不教而杀"一语变化来的。它的意思是平时不加管教,一旦犯了罪便轻易处死。可用它讽喻平时不教育,一旦出了问题便一棍子打死的作风。

此典出自《论语·尧曰》:"子张问于孔子曰:'何如斯可以从政矣?'子曰:'尊五美,屏四恶,斯可以从政矣'。子张曰:'何谓五美?'子曰:'君子惠而不费,劳而不怨,欲而不贪,泰而不骄,威而不猛。'子张曰:'何谓惠而不费?'子曰:'因民之所利而利之,斯不亦惠而不费乎?择可劳而劳之,又谁怨?欲仁而得仁,又焉贪?君子无众寡,无小大,无敢慢,斯不亦泰而不骄乎?君子正其衣冠,尊其瞻视,俨然人望而畏之,斯不亦威而不猛乎?'子张曰:'何谓四恶?'子曰:'不教而杀谓之虐;不戒视成谓之暴;慢令致期谓之贼;犹之与人也,出纳之吝谓之有司。'"

这段话意思是说:孔子的学生子张问孔子说:"怎样才可以管理政事呢?"孔子回答道:"尊重五种美德,排除四种恶政,就可以管理政事了。"子张问:"什么是

五种美德?"孔子答道:"君子使老百姓得到好处,而自己却不耗费;让老百姓劳作,老百姓却不怨恨;追求仁德而不贪图财利;庄重而不傲慢;威严而不凶猛。"子张问:"怎样才能使老百姓得到一些好处,而自己却不要耗费呢?"孔子答道:"叫老百姓做对自己有利的事,这不就是对老百姓有好处而不让自己耗费吗?选择老百姓能干的活,让他们去干,谁还会怨恨呢?自己追求仁德而得到仁,怎能叫做贪图财利呢?无论人多人少,势力大小,君子都不敢怠慢,这样不就是庄重而不傲慢?君子衣冠整齐,目光严肃端正,使人望而生畏,这不就是威严而不凶猛吗?"子张问:"那什么是四种恶政呢?"孔子回答道:"事先不教化而杀人,叫做虐;事先不预告,而要求立刻成功,叫做暴;命令下达得很晚,又要求限期完成,叫做贼;给人东西,却十分吝惜,这就叫做小气。"

三、城下之盟

"城下之盟"指的是在敌人的武力威逼之下,被迫签订屈辱的盟约。

第十章 谋篇

此典出自《左传·桓公十二年》:"楚伐绞……大败之,为城下之盟而还。"

春秋时期,各国争霸。有一次,楚国派兵攻打绞国,楚军直逼绞国的南门。楚国大夫屈瑕(官居莫敖,又称莫敖屈瑕)说:"绞国只是一个小国,而且做事草率。做事草率,就缺少谋略。我看,我军砍柴的人外出打柴时,不用派兵加以保护。这样,可以引诱敌军出城。"楚王采纳了屈瑕的建议。果然,绞军俘获了三十个楚军的砍柴人。第二天,绞军争抢着出城,在山上追赶着楚国砍柴人。没想到,楚军早已镇守在绞国的北门,并在山下设有伏兵。楚军大败绞军,逼着绞国签订了耻辱的城下之盟,然后班师回国。

四、疾风扫落叶

"疾风扫落叶"比喻军队力量强大,以迅猛之势扫除溃败的军队或腐朽的东西。

此典出自《三国志·魏志·辛毗传》:"以明公之威,应困穷之敌,击疲弊之寇,无异迅风之振秋叶矣。"

北朝时,初步统一北方的前秦皇帝苻坚,打算一举

消灭南方的东晋王朝,统一中国。他的弟弟苻融及一些有见识的大臣都说不可轻举妄动,主要理由是:东晋目前比较安定、强大,而前秦王朝的军队是各少数民族联合的队伍,虽然人数不少,但人心却不齐,这场战争是没有必胜把握。然而苻坚却非常自信,他说:"我率领百万大军南下(其实是九十七万),投鞭可以塞断江流,较其强弱之势,犹疾风之扫落秋叶耳。"于是命令大军出发。军队的前锋已抵淮南,后军还未出都城,迤逦八百多里。苻坚和苻融亲临前线。东晋派出了它最精锐的"北府兵",由大将刘牢之率领作为前锋;以谢玄为前锋大都督,率八万人迎战。在洛涧与秦军相遇。刘牢之说:"要乘敌军还未到齐的机会作战,等待观望必死!"于是大呼进击,一举杀死秦军一万多,大大地挫伤了秦军的锐气。这时苻坚亲率援兵二十余万人赶到,两军夹淝水对峙。苻坚登上高山望敌,看见晋军队伍严整,脸上变了色,说:"啊!这也是劲敌啊!"谢玄请求秦军略微退一点,以便让晋军渡过淝水来决战。苻融想到兵法中有"等待敌人渡过来一半时攻击敌人"的说法,便同意了谢玄的请求,挥军后退。这时,后面的部队根本不知道队伍后撤的原因,而秦军中的汉族官员乘机造谣,

第十章 谋篇

大呼:"秦军败了",于是军队大乱。晋军乘机渡水攻击,苻融奔下山来整顿队伍,被晋军所杀。于是,秦军溃不成军,互相践踏抢逃,死伤不计其数。秦国的逃兵看到八公山草木都以为是埋伏的晋兵,听见风声鹤唳也以为晋兵追来了。这一战就是历史上著名的、以少胜多的"淝水之战"。战后,前秦精锐丧尽,苻坚也被人杀死。

五、莫知其丑

"莫知其丑"说明坏习气一旦形成为普遍现象,就非常难于革除。

此典出自《贤弈编》。

南岐在秦岭的大山谷中,那里的水甘甜但质地不良,凡是喝这种水的人都生大脖子病,所以那里的居民全部都是大脖子。

看到外地人来,小孩和妇女们都围着看,并嘲笑外地人说:"真奇怪呀!这个人的脖子枯瘦如柴,与我们完全不一样。"

外地人说:"你们脖子上突出肥大的东西,是生了

瘿病啊！你们不寻找良药治病，反而还笑我的脖子枯瘦"

讥笑外地人的人们说："我们家乡的人都是这样，哪里用得着去治疗呢？"

最终也没人认为大脖子是丑陋的。

六、暮夜无知

"暮夜无知"原来的意思是夜里做的事情，没有人知道。后来人们则用"暮夜无知"比喻暗中贿赂。

此典出自《后汉书·杨震列传》："……谒见，至夜怀金十斤以遗震。震曰：'故人知君，君不知故人，何也？'密曰：'暮夜无知。'震曰：'天知、神知、我知、子知。何谓无知！'密愧而出。"

东汉汉安帝在位的时候，朝廷有个太尉，名叫杨震。杨震这个人为人忠诚、耿直，做事清正廉洁，从来不接受别人的贿赂。在他做太守的时候，有一次路过昌邑，昌邑的县令正是他过去所举荐的秀才王密。王密见到杨震非常恭敬，当天夜里，他带着十斤黄金，悄悄来到杨震的住处，将黄金送给他。

第十章　谋篇

　　杨震看到王密这种举动，十分生气，就对他说："咱们是老相识了，我了解你，可是你不了解我，这是什么原因呢？"

　　王密悄悄地对他说："你收下吧，夜已经深了，没有人会知道的！"

　　杨震生气地说："天知、神知、我知、你知，怎么能说没有人知道呢！"

　　王密听了他的话，感到非常惭愧，便把黄金带回去了。

　　后来杨震做了朝廷的太尉，有权有势，许多人都来找他办事，可是他不徇私情，从不接受人家的礼物。有一次，皇帝的亲戚、大将军耿宝，向他推荐一个人做官，杨震拒绝了。耿宝威胁他说："我推荐的这个人，皇帝都很重视，实话告诉你吧，我不过是传达皇帝的意见而已。"杨震毫不惧怕："那么你把皇帝的诏书拿来吧！"一句话将耿宝顶了回去。

　　过了几天，皇后的哥哥也向杨震推荐自己的亲友做官，杨震也拒绝了。可是不久，耿宝和皇后的哥哥所推荐的人，都在朝廷做了官。杨震还因此受到一些人的怨恨。

 鬼谷子

汉安帝延光二年,皇帝刘祜为他母亲修造宅第,大兴土木,耗费巨资。朝廷上的奸臣、赃官趁机营私舞弊,搜刮民财。樊丰和谢恽更是有恃无恐,假冒诏书,调拨钱粮、木材为己所用,花费的钱财人力不计其数。杨震见到这种情况,心中非常气愤,他几次给皇帝上书,想劝说皇帝停止这种无益的工程,然而皇帝不听他的劝告。从此奸臣们更加怀恨杨震。樊丰伙同一群赃官,趁皇帝出巡在外的机会,派人去收缴了杨震的印绶,并且指使大将军耿宝禀奏皇帝,说杨震对圣上不满,怀恨在心。结果皇帝下诏,遣送杨震回乡。

杨震离开洛阳城,走到城西的几阳亭时,对他的儿子和随从们,感慨地说:

"人死了,倒没有什么,可惜我身居高位,却不能除掉奸臣,制止祸害国家的人。我还有什么脸面活在世上呢?我死后不要用好木头做棺材,不要设祭堂!"说完,便喝毒酒自尽了。

杨震死后一年多,汉顺帝即位,杀掉了奸臣樊丰等人,又为杨震改葬。在为杨震举行葬仪的时候,突然飞来一只大鸟,有一丈多高,两只翅膀有两丈多长,羽毛五颜六色,谁也不知道这是什么鸟。这只奇鸟落在杨震

灵前,俯仰悲鸣,眼里甚至流下了泪水,一直到葬仪完毕,它才飞走。皇帝认为这是杨震死得冤枉,神仙显圣,阴魂有灵,于是下了一道诏书,给杨震修了祠庙,而且在杨震墓前又立了一个石鸟像。

七、猱搔虎痒

"猱搔虎痒"说明拍马是为了骑马。世上颇多类似猱的吹拍逢迎的小人。

此典出自《贤弈编》。

野兽中有一种猱,身体小而善于爬树,爪子非常锋利。老虎头顶发痒,就叫猱替它搔。猱搔个不停,抓出了一个小洞,老虎感到特别舒服而毫无觉察。猱便悄悄从洞中汲取老虎的脑浆吃,并将剩下的一部分捧给老虎说:"我得到了一点荤腥,不敢独吞,就给您一点吃吧。"老虎说:"猱对我真是忠心呀!这样爱戴我,竟忘了自己的口腹。"这时老虎竟然不知道它吃的正是自己的脑浆。

时间久了,老虎的脑浆快吃空了,疼痛难忍,去追逐猱,而猱早已爬到一棵高高的树上躲避起来了。老虎

鬼谷子

痛得腾跃蹦跳，大声吼叫着死去了。

世上的人们认为，在邯郸闹市上挟着乐器唱歌卖艺的人很像猱，其实，现在难道只有这些唱歌卖艺的人像猱吗？

八、皮里春秋

"皮里春秋"意思是说表面上不作任何评价，而心里却有所褒贬。

此典出自《晋书·褚裒列传》："谯国桓彝见而目之曰：'季野有皮时阳秋。'言其外无疑臧否，而内有所褒贬也。"

褚裒是东晋时候有名的人物，年轻时就显露出来一种非凡的气度。他为人正派、耿直，办事谨慎、小心，不爱说话，更不在别人面前炫耀自己的功劳，很受朝廷官员们的赏识。连当时的名人谢安都常在众人面前夸奖他。

有一天，功名显赫的朝廷尚书吏部郎桓彝，看见褚裒，紧盯着他，看了半晌才缓缓地笑着说：

"哈哈，果然是名不虚传，我看褚裒是有皮里阳秋，虽然他口头上不表示什么,但心里却是非分明、极有主见,可以说他身上具备四时的正气……"

当初,褚裒在郗鉴部下做参军,后来升迁为司徒从事中郎。

褚裒中年以后,他的女儿嫁给了康帝司马岳,他成为皇后的父亲,于是官职高升,做了朝廷的尚书。

褚裒为官清廉,生活很简朴,虽然做了那么大的官,还是皇亲,但他仍然叫自己家的仆童买柴买菜,从不假公济私。他在朝廷做了一段时间的官以后,总觉得心里不安,怕别人说他依靠皇后的势力专权,几次要求离开京城,到外去任职。

后来,朝廷同意了褚裒的请求,派他去都督兖州、徐州的军事,出镇京口。

九、僻性畏热

"僻性畏热"这个典故告诉人们,虚伪的表现很容易被人觉察;死爱面子最终要丢尽面子;太不老实的结果是自讨苦吃。

此典出自《广笑府》:"只缘僻性畏热之甚,虽冬

鬼谷子

月宿凉亭,还欲选一水浴耳。"

有个穷人到一户有钱的亲戚家里做客,大冬天没有皮袄可穿,便穿了一件葛布夏衣。他怕被人嘲笑,故意摇着扇子对其他客人解释说:"本人生性怕热,虽然是大冬天,也觉得很热。"酒席散后,主人觉察到了他的这种虚假表现,却故意表示出迎合讨好他心意的样子,准备了单被凉席,并把他安排在池边的凉亭上睡觉。到半夜,这个人冻得实在无法忍受了,就用凉席裹着身子在池边跑起来,不料一失足掉入了水中。主人围着看他,惊奇地问是怎么一回事,他说:"只因为我有这种特别怕热的坏毛病,虽然冬天睡在这凉亭内,还是热得想洗一个冷水澡呢!"

一〇、李斯以言进身

李斯来到秦国,恰在这时,庄襄王死了,秦王嬴政继位为王,李斯就谋求在秦国丞相文信侯吕不韦的门下充当舍人,吕不韦很赏识他,就任用他作侍郎,李斯因此就有了游说的机会。他游说秦王嬴政说:"胸无大志的小人,会坐失良机。一个成就大功业的人,就要在别

第十章 谋篇

的国家有机可乘的时候下狠心消灭它。从前秦穆公虽然做了霸主，但终究还是没有吞并东方六国，这是什么原因呢？这是因为当时地方诸侯还很多，周朝的德望还没有完全衰落，所以齐桓公、晋文公、秦穆公、来襄公、楚庄王这五个霸主，一个接着一个地兴起，并且相继尊奉周朝。自从秦孝公以来，周朝衰微，诸侯相互兼并，函谷关以东形成六国并存的局面，秦国乘胜征服了各国，至今已有六代了。现在各国臣服秦国，就象郡县服从朝廷一样。凭着秦国的强大和大王的圣明，就会象扫除灶上的灰尘一样，轻而易举地就可以把六国全部灭亡，建成帝业，统一天下。这可真是千载难逢的好时机啊！现在如果疏忽怠情而不抓住时机，等各国再强盛起来，重新订立合纵抗秦的盟约，到那时虽有黄帝那样了不得的才干，也无法吞并他们了。"于是，秦王嬴政任用李斯为长史，并听从李斯的计策，暗地里派遣有谋略的游说之士，带着金玉宝物去游说诸侯。对各诸侯国的贤能之士，凡可以被收买的，就馈赠丰厚的礼物来拉拢他；不肯归附秦国的，就用锋利的短剑把他刺死暗杀。这就是李斯所献的离间诸侯君臣的计谋。秦王先用这种手段破坏诸侯各国君臣间的团结，随后就派善于用兵的

 鬼谷子

将军前去攻打,用武力将它征服。后来,秦王任有李斯作客卿。

一一、魏王背道而驰

战国时,魏国有一个臣子,名叫季梁,奉奉命出使到外国。他在途中就听到魏王要出兵攻打赵国的都城邯郸。季梁就半路,急急忙忙赶回都城大梁,拜见魏王。

魏王闻报季梁回来了,他觉得非常奇怪。他奉命出使,这么快就回来,难道有什么特殊的事故发生了吗?于是当即传命召见。

季梁见到了魏王,他那一副满面灰尘的模样;魏王看了有点可笑,但还是忍住了问他:"你是奉命出使的,这么快就回来,一定是中途折返,难道有什么重要事情,要告诉寡人吗?"

"是的,有一件重要而且紧急的事,要禀告大王。"季梁喘息着说。"有什么紧急的事,你说吧。"魏王说。

季梁一面喘着一面说:"臣在途中,遇到了一位驾车的御者,挥着鞭子,叱着马,向北驰去。"

魏王笑道:"这是什么重要而又紧急的事,值得你

第十章 谋篇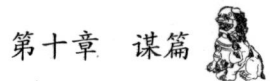

中途折返向我报告吗?"

"启奏大王,问题在于他是到楚国去呀!"

魏王说:"到楚国自然是向南走,他为什么向北去呢?"

季梁说:"我说的十分紧急重要,于是在于此。我当时就问乘车的主人:'你到楚国,为什么要向北方而去?'他对我说:'因为我驾车的这匹马,是一匹名驹,跑的很快,转眼就可以跑几十里。'我对他说:'你的马脚程虽快,可是越快越糟,因为你走的方向不对,到楚国是要向南去的,你为什么往北呢?'他说:'我带有足够的经费,这路途之上,我是不用担心的。'我说:'尽管你带的经费充足,可是你方向走得不对,永远也到不了楚国的。'他说:'不要紧,我的车夫有多年驾驭的经验,什么样的马他都能驾驭,更何况是一匹名驹,有日行千里的脚程,我还担心什么呢?'"

魏王不禁大笑起来:"这人简直是个疯子。他虽然有这么多优越的条件,可是他是背道而驰,楚国在南,他要向北,他的马快,御者精,这恰恰就更使他离楚国遥远了。"

季梁免冠顿首曰:"大王说的话一点不错,这人是

鬼谷子

背道而驰，愈向北则愈离楚国远。但大王平时尝以称王称霸自许，称雄天下自命。可是今天大王倚仗国势强，国土广，兵卒精，就准备进攻邯郸，取赵地来满足自己。依臣所见，大王愈对邻国用兵多，则愈离称王称霸的基业远甚，这正如臣在中途所见的那位去楚国而向北行的驾车者，是背道而驰啊！"

一二、弦高智退秦军

晋文公打败了楚国，会合诸侯，连一向归附楚国的陈、蔡、郑三国的国君也都来了。郑国虽然跟晋国订了盟约，但是因为害怕楚国，暗地里又跟楚国结了盟。

晋文公知道这件事，打算再一次会合诸侯去征伐郑国。大臣们说："会合诸侯已经好几次了。咱们本国兵马已足够对付郑国，何必去麻烦人家呢？"

晋文公说："也好，不过秦国跟我们约定，有事一起出兵，可不能不去请他。"

秦穆公正想向东扩张势力，就亲自带着兵马到了郑国。晋国的兵马驻扎在西边，秦国的兵驻扎在东边。声势十分浩大。郑国的国君慌了神，派了个能说会道的

第十章　谋篇

烛之武去劝说秦穆公退兵。

烛之武对秦穆公说："秦晋两国一起攻打郑国，郑国准得亡国了。但是郑国和秦国相隔很远，郑国一亡，土地全归了晋国，晋国的势力就更大了。它今天在东边灭了郑国，明天也可能向西侵犯秦国，对您有什么好处呢？再说，要是秦国和我们讲和，以后你们有什么使者来往，经过郑国，我们还可以当个东道主接待使者，对您也没有坏处。您瞧着办吧。"

秦穆公考虑到自己的利害关系，答应跟郑国单独讲和，还派了三个将军带了两千人马，替郑国守卫北门，自己带领其余的兵马回国了。

晋国人一瞧秦军走了，都很生气。有的主张追上去打一阵子，有的说把留在北门外的两千秦兵消灭掉。

晋文公说："我要是没有秦君的帮助，怎么能回国呢？"他不同意攻打秦军，却想办法把郑国拉到晋国一边，订了盟约，撤兵回去了。

留在郑国的三个秦国将军听到郑国又投靠了晋国，气得吹胡子瞪眼睛，连忙派人向秦穆公报告，要求再讨伐郑国。秦穆公得到消息，虽然很不痛快，但是他不愿跟晋文公扯破脸，只好暂时忍着。

 鬼谷子

过了两年,也就是公元前628年,晋文公病死,他的儿子襄公即位。有人再一次劝说秦穆公讨伐郑国。他们说:"晋国国君重耳刚死去,还没举行丧礼。趁这个机会攻打郑国,晋国决不会插手。"

留在郑国的将军也送信给秦穆公说:"郑国北门的防守掌握在我们手里,要是秘密派兵来偷袭,保管成功。"

秦穆公召集大臣们商量怎样攻打郑国。两个经验丰富的老臣蹇叔和百里奚都反对。蹇叔说:"调动大军想偷袭这么远的国家,我们赶得精疲力乏,对方早就有了准备,怎么能够取胜;而且行军路线这样长,还能瞒得了谁?"

秦穆公不听,派百里奚的儿子孟明视为大将,蹇叔的两个儿子西乞术,白乙丙为副将,率领三百辆兵车,偷偷地去打郑国。

第二年二月,秦国的大军进入滑国地界(在今河南省)。忽然有人拦住去路,说是郑国派来的使臣,求见秦国主将。

孟明视大吃一惊,亲自接见那个自称使臣的人,并问他前来干什么。

第十章　谋篇

那"使臣"说:"我叫弦高。我们的国君听到三位将军要到郑国来,特地派我送上一份微薄的礼物,慰劳贵军将士,表示我们一点心意。"接着,他献上四张熟牛皮和十二头肥牛。

孟明视原来打算在郑国毫无准备的时候,进行突然袭击。现在郑国使臣老远地跑来犒劳军队,这说明郑国早已有了准备,要偷袭就不可能了。

他收下了弦高送给他们的礼物,对弦高说:"我们并不是到贵国去的,你们何必这么费心。你就回去吧。"

弦高走了以后,孟明视对他手下的将军说:"郑国有了准备,偷袭没有成功的希望。我们还是回国吧。"说罢,就灭掉滑国,回国了。

其实,孟明视上了弦高的当。弦高是个牛贩子。他赶了牛到洛邑去做买卖,正好碰到秦军。他看出了秦军的来意,要向郑国报告已经来不及。他急中生智,冒充郑国使臣骗了孟明视,一面派人连夜赶回郑国向国君报告。

郑国的国君接到弦高的信,急忙叫人到北门去观察秦军的动静。果然发现秦军把刀枪磨擦得雪亮,马匹

喂得饱饱的,正在作打仗的准备。他就老实不客气,向秦国的三个将军下了逐客令,说:"各位在郑国住得太久,我们实在供应不起。"

一三、文信侯的出走

文信侯吕不韦被罢免相国回到封地,他的党羽司空马逃往赵国,赵王让他代理相国。此时,秦国正调动兵马进攻赵国。司空马对赵王说:"文信侯担任秦相时,臣是他的下属,做过尚书一类的事情,因此熟悉秦国的情况。如今大王让臣做代理小官,我也要了解赵国的情况,臣愿为大王把两国先作一番比较,看看谁的胜算大。大王您看,赵与秦哪一个国家更强大?"赵王答道:"赵国当然没秦国强大。"司空马又问:"以人口而言,哪一国更多?"答道:"比不上秦国。"又问:"粮食钱币能不能与秦相比?"答:"不能。""哪一国政令更严明?""还是秦国。"于是司空马说:"既然赵国诸事都不如秦国,那么面临的就只有灭亡了。"赵王恳求说:"希望先生不要嫌弃赵国,不吝赐教,寡人愿意听从先生的谋划。"

第十章 谋篇

司空马献策说:"假如大王赂秦以半数国土,秦国兵不血刃便获此厚利,必大喜过望。秦一来担心赵兵作鱼死网破之争,二来深恐诸侯率兵来救,秦王必定迫不急待收受献地。秦得到土地,欲望得到一时的满足,便会退兵回国暂作休整,赵国虽然仅剩半壁河山,还足以自存。秦国收到贿赂日益骄横,山东诸侯必然十分恐慌;假如赵国灭亡就会危及他们自已,他们一定会惊恐不安,从而出兵救赵。在形势的推动下,合纵阵线顷刻间就能形成。臣请求为大王约合各路诸侯,如此,大王名义上失去了半壁河山,实际上却得到山东各诸侯的援助来共同抗击秦国,秦国也不难被灭亡了。"

赵王说:"不久前秦出兵攻赵,寡人为求自保,曾以河间十二县贿赂秦国,国土沦丧,兵力削弱,始终逃不脱秦兵的逼迫。如今先生又建议割让半数国土,只恐秦国因而更加强大,赵国更无力以自保,难免遭受灭亡之祸。希望先生再想个计策。"司空马说:"臣虽然出身于刀笔小吏,累官而积,仍是尚书小官,从来没有率兵打过仗,我请求带领赵国的全军去抗击秦国。"赵王并不愿意让司空马掌握军权。司空马无奈,只好说:"臣只有区区愚计,大王不纳,臣也没什么可能奉献给大王

鬼谷子

了,臣请求离开赵国。"

司空马离开邯郸,经过平原津。平源津令郭遗听说有远客自邯郸而来,便热情地接待他,向他打听战事:"听说秦兵正在攻打赵国,客人自邯郸来,请问战况如何?"司空马叙述了一遍为赵王设谋图存而赵王不采纳、赵国灭亡只在朝夕之间的事。郭遗说:"那么客人估计赵国能支持多久?"司空马说:"赵王若能坚持以武安君李牧为将,可支一年;如果妄杀武安君,灭亡之期,则不出半年。我听说赵王臣子之中有个叫韩仓的,善于阿谀奉承、曲意迎上,甚得赵王欢心。这个人妒贤嫉能,每每谗害有功之臣。如今赵国正是风雨飘摇之时,赵王非亲勿用,必听韩仓之言,武安君下场可想而知。"

韩仓果然向赵王大进李牧的谗言,赵王使人取代李牧统帅之位,令其速返邯郸。然后派韩仓胡乱找茬数落李牧:"将军得胜归来,大王向你敬酒贺功,可将军回敬大王时,双手紧握匕首,其心叵测,其罪当诛!"武安君急忙分辩说:"臣胳膊患了曲挛之疾,伸不直,而我的身躯高大,跪拜之时不能双手够地,臣深恐对大王不敬而触犯死罪,便叫木工做了一个假臂,大王若是不信,臣可示之于王。"于是从袖中取出假肢给韩仓看。

第十章 谋篇

那假肢状如木橛,缠以布条。李牧恳求韩仓向赵王加以解释。韩仓却不理睬,冷言道:"臣只是受命于王,大王赐将军死,绝不容恕,我不敢为你多言。"无奈,李牧朝北向赵王遥叩感谢往昔知遇之恩,抽出宝剑准备自杀,可转念一想:臣子不能自杀于宫中。于是他快步走出司马门。当他前行走出门之后,李牧右手引剑自杀,可是胳膊太短,宝剑无法刺透,于是以嘴含剑,将剑柄抵在柱子上自刺而死。李牧死后才5个月,赵国就灭亡了。

平原令郭遨,每次见到朋友,总为司空马咨嗟叹惜不已。而他又认为,司空马为秦所放逐并非由于愚鲁,离开赵国并非出于无能。赵国走了一个司空马,致使国家灭亡,可见亡国灭族,并不是没有贤才辅佐,只是君主不能用贤罢了。

一四、安平君的功劳

貂勃经常说田单的坏话,说:"安平君田单是小人。"安平君听说后,特地备了酒席,请貂勃赴宴,说:"我不知怎么得罪了先生,所以您经常在朝中议论我。"

鬼谷子

貂勃说:"盗跖的狗对着尧狂叫,并不因为狗尊重盗跖而鄙视尧帝,是因为狗的本性是要咬不是主人的人的。现在即使公孙子贤德、徐子不肖,如果让公孙子与徐子争斗,徐子的狗也会抓住公孙子的小腿肚子而咬。如果让那只狗离开不贤的主人,而做贤者的狗,那岂止抓住它的小腿肚子咬?"安平君说:"敬从您的指数。"第二天,田单就把貂勃推荐给齐王。

齐王有九个宠爱的大臣,想陷害安平君,就对齐王说。"燕国攻打齐国时,楚王派大将领一万大军支援齐国,现在国家已经安定,何不派使臣去感谢楚王?"齐王说;"朝中谁可以去?"九人说:"貂勃可以。"貂勃出使楚国,楚王接待了他,并设宴款待他,一连多日,貂勃没回国。九人又聚在一起对齐王说:"貂勃是个普通人,竟被楚国万乘之君如此挽留,还不是因为他依仗田单的势力!况且安平君对待大王,没有君臣之礼,没有上下之别,其意在图谋不轨。他对内笼络百姓,收买人心;赈济穷人,帮助困难户,对人民施小恩小惠;对外则对蛮族和诸侯的贤士搞怀柔政策,暗中结交诸侯中的英雄豪杰,其意在作大事。希望大王审察。"一天,齐王传令:"要丞相田单来。"田单没戴帽,光脚丫、露

第十章 谋篇

着胳膊而进,〔表示请罪。〕退出时请死罪。五天以后,齐王说:"您没有犯什么罪,您还是行您巨子之礼,我行我的国君之礼好了。"

貂勃从楚国归来,齐王在御前设宴款待他。当酒兴正浓时,齐王说:"去叫丞相田单来。"貂勃起身离席,向齐主行礼说:"大王为何说出这种亡国之言?大王上比起周文王来怎么样?"齐王说:"我比不上。"貂勃说:"对,我就知道大王比不上。您下与齐桓公比怎么样?"齐王说:"我比不上。"貂勃说:"对,我就知道您比不上。然而周文王得到吕尚,尊他为太公,齐桓公得到了管夷吾,尊称他为仲文。现在大王得到安平君,却要叫'单'。况且,自天地开辟,人类开化以来,做臣子的功劳,有谁比安平君的更大?大王您却说'单,单',为何说这等亡国之言?想当初大王守不住先王的江山,燕军起兵袭击齐国,大王逃进城阳境内的山中,安平君仅凭发发可危的即墨,三里之城,五里之郭,七千疲困的士兵,活捉燕将司马,收复齐国十里失地,这都是安平君的功劳。当时,他若不理睬城阳〔的大王您,〕自立为王的话,城阳方面、天下诸侯都是阻止不了的。然而他按照道义行事,认为这不行,所以就修栈

鬼谷子

道、木阁,到城阳的山中迎接大王和王侯。大王才得返回,再统治百姓。现在国家已经安定,民众也已安定,您就直呼'单'了。这是小孩也不做的事!大王还不赶快杀了那九个小子,以向安平君谢罪,不然,国家就危险了!"

齐王于是杀掉了九位宠臣,驱逐了他们的家小,又把夜邑的万户之地封给平安君。

一五、韩信巧借洪水计

公元前203年10月,韩信攻下齐国历下,并一举占领了齐都临淄。

齐王田广慌忙逃到楚国,向楚王项羽求救:"霸王,您是各国盟主,现在敝国情况万分危急,您总不能见死不救吧!"

楚王根本就看不起韩信:"你别把韩信吹得那样神乎,那位钻裤裆将军竟把你吓成了这般样子,真是活见鬼。"不过他还是委派了大将龙且率2万兵卒,前往与齐国联合抵抗韩信。

楚将龙且也是有勇无谋的人,用兵往往只求狠冲猛

第十章 谋篇

打,而不讲究计谋韬略。

11月,齐楚联军与韩信的汉军在潍水两岸濒水对阵。好战惯斗的龙且几次要向汉军发起猛攻,都被齐王田广劝阻住了。

齐王苦口婆心地劝说龙且:"将军,我们真的是再经不起大的失败了,没有必胜的把握,过河去与汉军拼消耗,我们实在是拼不起呵!"

一谋士对龙且说:"汉兵远道而来,勇于拼战,其势不可挡。齐楚两国的军队是在本地应战,士兵士气不太高,如果我们不与汉兵交战,坚守城池,同时派人到所有被汉兵占领的城市去发动齐人,让他们知道齐王还健在,要他们起来反抗汉兵。齐人反对汉兵,汉军的粮食很快就会告急,那时汉军就不战自垮了。"可是,龙且固执地认为韩信没有什么了不起,很容易对付,他很想同韩信交战,取得胜利,好向楚王报功领赏,所以,他听不进这谋士的话,决定同韩信交战。

良言相劝,终究没能阻止龙且给齐楚联军带来失败的厄运。

这天,韩信突然指挥大军渡河进击龙且军。可是,部队渡过一半时,汉军便有秩序地向回撤军了。

 鬼谷子

"龙将军,汉军不战自败,而且退得并不慌乱,可能其中有诈。"田广对龙且说。

"哈哈,我早就知道韩信这人是个胆小鬼,齐王呵,您可不要一朝被蛇咬,10年怕井绳呀!"龙且以为是韩信害怕跟自己作战,更加确信韩信是胆小鬼了,根本听不进齐王田广的意见,一意孤行地指挥部队"乘胜追击"了。

当龙且的将士渡过近一半时,潍水上游发起了洪水,激流滚滚,倾泻而下,一下子把龙且的部队冲散了。汹涌而至的水流使得楚军大乱,而对岸的汉军也趁机回身反击。在急流之中疲于奔命的龙且兵卒成了汉军的活靶子了。而阻在潍水东岸的楚兵更是溃不成军,四散逃亡。汉军在韩信的指挥下过河乘胜追击,杀死了龙且。齐王田广也被韩信活捉了。

原来,韩信设置了诱敌之计。早在齐楚联军赶到潍水两岸布阵之前,他在夜里让士兵做了1万多个布袋子,里面装满了细沙,堆在潍水上游;这样潍水上游便形成了一个人工堤坝。于是,他再用佯装败退的战略,把敌军引入河中。让士兵突然在上游把沙堤打开,汉军借助洪水之势,轻而易举地打败了齐楚联军。

第十章 谋篇

一六、韩信暗度陈仓

秦朝末年，政治腐败，群雄并起，纷纷反秦。刘邦的部队首先进入关中，攻进咸阳。势力强大的项羽进入关中后，逼迫刘邦退出关中。鸿门宴上，刘邦险些丧命。刘邦此次脱险后，只得率部退驻汉中。为了麻痹项羽，刘邦退走时，将汉中通往关中的栈道全部烧毁，表示不再返回关中。其实刘邦一天也没有忘记一定要击败项羽，争夺天下。公元前206年，已逐步强大起来的刘邦，派大将军韩信出兵东征。出征之前，韩信派了许多士兵去修复已被烧毁的栈道，摆出要从原路杀回的架势。关中守军闻讯，密切注视修复栈道的进展情况，并派主力部队在这条路线各个关口要塞加紧防范，阻拦汉军进攻。

韩信"明修栈道"的行动，果然奏效，由于吸引了敌军注意力，把敌军的主力引诱到了栈道一线，韩信立即派大军绕道到陈仓（今陕西宝鸡县东）发动突然袭击，一举打败章邯，平定三秦，为刘邦统一中原迈出了决定性的一步。

鬼谷子

一般来说，一个将领实施某一计谋取成功之后，敌方会吸取教训，防止再次上当。因此，故伎重演，难度很大。古代军事奇才韩信，二施"暗渡陈仓"的计谋，玩弄敌人于股掌之上，堪称一绝。

楚汉相争，各路诸侯，自知力量不敌刘邦、项羽，他们密切注意战争动向，寻找靠山。西魏王豹，本已投靠刘邦，后见汉兵受挫，就转而投靠项羽，联楚反汉。

大将军韩信举兵攻打西魏，大军进至黄河渡口临晋关（今陕西大荔东）。西魏王豹派重兵把守临晋关对岸的蒲坂（今山西永济西），凭借黄河天险，紧守度日，封锁临晋关河面，森严壁垒。

韩信深知，如果从临晋关渡河，损失太大，难以成功。他决定再施"暗渡陈仓"的计谋。他佯装准备从临晋关渡河决战，调集人马，赶造船只，派人沿黄河上游察看地形。经过认真调查韩信决定从黄河上游夏阳（今陕西韩城南）渡河，那里地势险要，魏兵守备空虚。韩信一面命大军向夏口调集，一面佯装从临晋关渡河，派兵丁擂鼓呐喊，推船入水，作出强攻的样子。魏军无论如何也没想到，就在汉军佯装大举强渡的时候，汉军已在韩信率领下从夏阳渡河后，直取魏都平阳（今山西临

汾），等到西魏王豹得到消息，派兵堵截汉军，已经来不及了。汉军生擒西魏王豹，占领了西魏。

一七、刘秀智勇破界军

西汉末年，皇室外戚王莽篡权。各地纷纷起后造兵，刘秀也加入了反对王莽义军的行列。义军频频告捷。攻陷了不少城镇，锋芒直指王莽的都城洛阳。

王莽急忙派王邑和王寻率领 43 万大军前去镇压起义军。莽军把眼光盯住了义军占据的昆阳城。当时义军虽已发展到 10 万之众，但大都分散在各地。留守昆阳的仅 8000 余人。

昆阳城里的义军听说王莽派了数十万大军来攻，惊恐不已。义军偏将军刘秀一面开导大家，一面积极出谋划策，同其他将领共商破敌大计。刘秀提出，一方面大力加强防备，同时由他亲率一些人马出城求援。他的建议得到了大家的赞同。

当天晚上，刘秀带领 13 名精壮士兵，冲出重围，出城去讨救兵。当刘秀率援兵返回昆阳城时，"王莽的数十万大军已经把昆阳包围得水泄不通。义军援兵数量不多，

 鬼谷子

即使加上城内守军,比起数十万莽军来。也是处于劣势,刘秀清楚,如果同莽军硬拼,势必遭败,只宜智取。

刘秀思考良久,得出一个大胆的作战方案:从援军中抽调精壮士兵组成敢死队,首先冲入敌营,援军主力紧随其后,集中力量猛攻敌军中营,使敌人指挥失灵。同时,通知守城部队出击,配合援军的行动,形成内外夹攻的有利形势。

预定的进攻时间到了,刘秀率领3000名敢死队从昆阳城东迂回到城西,渡过昆河,突然向敌军中营发起了进攻。王邑和王寻被义军的突击惊呆了,一时竟弄不清这支队伍是什么来头,便命令各部人马不得擅自行动,二人亲率一万兵力前去迎战。刘秀见莽军主力都按兵不动,只有一万人马来截击他们,不由大喜,指挥3000名敢死队员向敌人猛扑过去。王邑、王寻的一万人抵挡不住敢死队的冲击,很快便乱了阵脚。莽军其余各部见状,欲出营助战,却又慑于不许擅自行动的严令,于是都按兵不动,眼睁睁地看着刘秀的敢死队把自己的中营打得溃不成军。莽军主帅王寻在乱军中丧生,王邑则狼狈逃走。莽军其他各部因为没了主帅,开始混乱起来。

第十章 谋篇

昆阳城中的义军,见自己的援军首战告捷,士气大增。他们将城门打开,呐喊着冲了出来,配合援军的行动。正在这时,暴雨倾盆而下,莽军以为天助义军,便更加慌乱,还没怎么同义军厮杀便四下逃散。溃逃的莽军在争先恐后渡河时,又逢河水暴涨,被淹死了好几万人。王邑如惊弓之鸟,收拾起几千残余莽军,急急忙忙逃回了洛阳。义军大获全胜。

一八、赤眉军中计

刘秀在建立东汉王朝之初,派大将邓禹和邓弘去征剿赤眉军,但不敌赤眉军的骁勇,大败而归。于是刘秀改派征西大将军冯异领军出征。

冯异出征后,并不急于同赤眉军正面交锋。他分析,邓禹、邓弘二位将军之所以吃败仗,一方面是因为劳师袭远,我军疲惫而敌军以逸待劳,另一方面是因为赤眉军能征善战,战斗力很强。他认为,对付赤眉军最好智取。

冯异从军中挑选出一批精壮士兵,统统描上红眉,并换上赤眉军一样的服装,先埋伏起来。其他人马则作

 鬼谷子

好进攻的准备。冯异先派出小股部队前去挑战,交手后,便故意败退十赤眉军同汉军交战连连告捷,所以十分轻敌,认为汉军简直不堪一击,这会儿见汉军人数不多,而且溃逃,便全军出动追击,想一举消灭冯异的主力部队。汉军边战边往后撤,渐渐将赤眉军引诱到了伏兵处。

突然间,一声炮响,描红眉、穿敌服的汉军伏兵突然杀出,冲进了赤眉军阵中。赤眉军起初还以为这些人马都是自己人,所以不加理会,只顾往前冲杀,追击汉军,直到那些"赤眉军"突然猛砍猛杀时,才省悟过来,但为时已晚。

赤眉军顿时乱了阵脚,佯败逃走的汉军见状,又迅速冲杀回来。经过一番激战,赤眉军大败,被冯异俘虏了8万人,其余几万人狼狈地向东逃去。逃至宜阳,又遇刘秀率大军堵截,最后全部投降了。

一九、蜀国上演空城计

公元前二世纪左右,中国的国土上并列存在着三个主要的国家,它们是魏国、蜀国和吴国。这一段时期

第十章 谋篇

在历史上被称为"三国时期"。三个国家相互间经常发生战争,但是谁也消灭不掉谁。诸葛亮是蜀国的军师,素以善于指挥战争而著称。

有一次,魏国得到消息,得知蜀国的战略要地西城兵力薄弱,只有不到一万士兵,就派大将司马懿率领十几万军队前去攻打。蜀国得到魏国的军队正迅速向西城赶来的情报后,从国王到士兵都非常紧张。以一万士兵抵挡十几万敌人,如以卵击石,必败无疑。可是蜀国要从别的地方调集军队增援又来不及。西城危在旦夕,大家都把希望寄托在一向足智多谋的军师诸葛亮身上。诸葛亮也有些犯难,但严峻的形势又迫使他必须拿出一个应对的办法来。

诸葛亮苦思冥想,终于想出一个万全之策。他命令城内的平民和士兵全部撤出,暂时躲避到一个安全的地方,然后大开城门,等候敌人的到来。魏国大将司马懿不久即带兵包围了西城,但令他吃惊的是,本来以为会戒备森严的西城却城门大开,城墙上也看不到一个守卫的士兵,只有一个老头在城门前扫地。正在他大惑不解的时候,就看到城楼上出现一个人,正是他的老对手诸葛亮。只见诸葛亮不慌不忙地整理了一下自己的衣

服,在一架预先放好的古琴前坐下来,随即悠扬的音乐从城楼上传下来。魏国的将士都愣住了,在大军围城的危急关头,蜀国的军师诸葛亮却弹起了琴,不知道这是怎么回事。

面对开着的城门和弹琴的诸葛亮,老奸巨滑的将军司马懿竟一时不知如何是好。他早就知道诸葛亮足智多谋,可诸葛亮胆敢大开城门迎候十几万大军,这太出乎他的预料了。因此他想,城里必定埋伏了大量兵马。这时,就听得城楼上传来的琴声由舒缓渐渐变得急促起来,仿佛暴风雨就要来临一般。司马懿越听越不对劲,他怀疑这是诸葛亮发出调动军队反攻的信号,于是急忙下令他的军队撤退。成千上万的魏军迅速撤退,就这样,蜀国的西城没有用一兵一卒就得以保全。这就是诸葛亮有名的"空城计"。

二〇、李广处乱不惊

汉代将军李广与百余名骑兵出行时,远远望见前方有数千名匈奴骑兵。匈奴骑兵认为他们是在使诱兵之计,惊慌之中跑到山上列好了阵势。李广的百余名骑兵

第十章 谋篇

都很害怕,想要驱马返回。

李广说:"我们距离大部队有很远的路程,眼前的形势是敌众我寡,如果我们这一百人马往回赶,匈奴兵追着用箭射击,我们就会马上死光。现在我们停下来不走,匈奴兵一定以为我们是大部队的先遣队,一定不敢轻举妄动。"于是他命令骑兵:"向前进发!"等他们来到距匈奴阵地约二里的地方又令停下来,说:"全部下马,卸下马鞍!"

"我们距离敌人这么近,而且他们人数又那么多,万一发生紧急情况怎么办?"部下有些担心地问。

李广说:"那是敌人以为我们要退却,现在我们解除鞍具表示不退却。"

于是匈奴骑兵就不敢进攻。有个匈奴将领骑着白马出阵监护他手下的兵卒,李广上马与十几个骑兵边驰边射,将那个骑白马的匈奴将领射死了,之后又回到自己的骑兵队伍当中,解下马鞍,让士兵们随意卧倒。天色已到了黄昏时分,匈奴兵对他们的举动感到很奇怪,不敢进攻。半夜里,怀疑汉朝军队有埋伏,要趁夜色袭击他们,就都撤退了。天亮以后,李广才带人回到大部队。

保国公朱永和咸宁伯王越带领一千人巡守边境，敌人突然出现，双方力量相差太大。朱永想赶快撤回，王越阻止了他，他下令摆开了阵势，先把阵脚稳住。敌人对此产生了怀疑，不敢向前。傍晚，命令骑兵们下马，口中衔上竹片，鱼贯而行，不得回头，王越则亲率英勇的兵士在后面掩护。这样从山后疾行五十里抵达城里，敌人没有发觉。

第二天，王越才对朱永说："当时要是我们稍有动弹，敌人就会从后面追杀过来，这样，我们的性命就不保了。组成阵列，是为了不显出紧张的样子来迷惑敌人的。排队鱼贯而行，又下了马，行军不会发出响声，所以敌人不会发现。"

二一、长孙晟的离间计

长孙晟周未至突厥。隋文帝杨坚废周自立，改元开元，摄图大怒："我娶了北周皇室女儿，便是其亲戚。现在杨坚废周自立，如果我没点表示如何有脸见亲家？"便与高宝宁攻陷临渝镇，并邀请各部落合力南侵。杨坚刚刚称帝，非常害怕，只好加固长城，并派兵屯驻

第十章 谋篇

边界。

长孙晟此前已了解到摄图、阿波、玷厥、突利等虽为叔侄兄弟，但各不统属，自可一派，分别称汗，他们各怀猜忌，表面则和和气气，所以很难同心同德，大可以将其离间。于是上书隋文帝："周朝末年，我充使臣到突厥，众所周知，他们很信任我。玷厥兵力比摄图强大，但名位却要低，名义上玷厥属摄图，实际上二人矛盾重重。我们只要稍加离间，就可使其大打内战。处罗侯是摄图的弟弟，为人奸诈，但势力并不强，所以他曲意迎合大众，很讨族人的欢心，受到摄图的猜忌。阿波则首鼠两端，在两人中搞两面派，比较害怕摄图，但总的说是谁有势力就跟谁，没有一定的立场。我们可以远交近攻，离强合弱，即派人和玷厥结盟，再联合阿波，这样摄图必然撤军自卫，防备玷厥从右侧发难。再说服处罗侯，连合奚、霫等，这样，摄图必然派出军队防卫左侧。如此一来，他们彼此互相猜疑防备，不能互相配合协作，十几年后，趁机会兴师讨伐，必可一举将其歼灭。"

隋文帝看了奏章后很高兴，召他深入地说明一下。他口若悬河，但均有实据，对突厥实力分布、强弱虚

鬼谷子

实,历历如数家珍。隋文帝极为感慨,采纳他的建议。派大仆元晖到玷厥处,赐给他很为财物,佯称很钦敬他。玷厥的使者来朝贺时,位次安排在摄图之上。反间之计成功了,他们果然彼此猜疑。提升长孙晟为车骑将军,并给奚、霤、契丹等送去礼物,并由他们介绍到处罗侯营地,安插下自己的亲信,以劝说处罗候归附隋朝。

开皇二年,摄图率大军攻破兰州,长驱直人至周盘,歼隋朝达奚长儒的军队。正准备继续南下,咕厥不干了,带着自己的军队撤走了。长孙晟又游说染干欺骗摄图说:"铁勒等人谋反了,正要袭击您的牙署。"摄图害怕了,迅速撤军北上。

几年之后,突厥又大举南下,隋派八位元帅分头迎击。阿波率军刚攻人隋境,与窦荣定遭遇,吃了败仗。当时长孙晨为窦的副手,派人向阿波传话;"摄图每次出征都大胜而归。阿波呢,出师不利,这是突厥的耻辱。而且阿波的实力与摄图也就是个相当,现在摄图老打胜仗,大家都尊崇他;阿波则吃败仗,只是给突厥带来耻辱。摄图肯定会趁此机会对阿波下手,实现其消灭阿波的夙愿。"阿波派的人到了,长孙晟又说:"现在达

第十章 谋篇

头与隋结盟。摄图就不敢把他怎么样了。"阿波可汗为什么不也依附隋朝天子,联合达头,增强自己的实力呢?这是万全之策。这比去兵折将,回去听任摄图侮辱、杀害不知好多少倍!"阿波听后觉得有理,便滞留边界不归。后来派人随长孙晟人朝。当时摄图与隋朝卫王杨爽所部相遇,大败。到戈壁区,听说阿波心怀贰意,便袭击了阿波牙署,杀了他母亲,掳获他的人畜。阿波无路可走,只好投奔玷厥,借兵十余万,向东进攻摄图,收复了自己的领土,会集自己的兵士,与摄图对阵。阿波屡屡获胜,势力渐强。摄图无奈,想与隋结盟,便派使者到隋朝贡,其公主也请求改姓,作隋文帝的女儿,隋文帝应允了。

二二、讨伐宇文化及

宇文化及作难,在江都杀了隋炀帝,太府卿元文都、武卫将军皇甫无逸、右司郎中卢楚在洛阳奉立越王杨侗为帝,拜王世充为吏部尚书,封郑国公。元文都对卢楚等人说:"现在宇文化及杀害了炀帝,仇恨未报,我等虽志在复仇,但力所不及。为国家考虑,不如以尊

显的高官去优宠李密，用府库里的财物暂时供养他，让他去打宇文化及，使他们二贼自相残杀，宇文化及被打败后，李密的军队自然也已疲乏了。而且，他的士卒得到我们的奖赏，做着我们的官，内外相亲，易于做他们的策反工作，我军积蓄力量，在他们疲敝的时候发动进攻，那李密也是可望打败的。"卢楚等人认为很对。当天派使者去拜李密为大尉、尚书令，让他讨伐宇文化及。

李密因此称臣接受杨侗朝廷的命令，带兵在黎阳迎战宇文化及，每当战胜之后都派人向杨们告捷，大家都很高兴。王世充却独自对其部下诸将说："元文都等人，只不过是刀笔之吏，我看他们的势头，一定会被李密抓获。况且我们的部队经常与李密作战，杀死了他们的父兄子弟，前后已有许多，一旦被李密打败，我们就别想活了！"他说这些话以激怒部众。元文都得知后非常害怕，与卢楚等人商议，想要趁王世充进入内延之时，埋下伏兵把他杀了，并且一直在等待时机。纳言段达庸碌儒弱，担心此事不能成功，派他的女婿张志将卢楚等人的计谋告诉王世充。当晚，王世充率兵围攻宫城，将军费耀、田阇等到东太阳门外阻击，费曜之军战败，王世

第十章 谋篇

充便攻门而入，皇甫无逸独自骑马逃走了，抓住卢楚杀了。这时宫门紧闭，王世充派人叩门对杨侗说："元文都等人想带着皇帝去投降李密，段达得知后告诉了我，臣不敢造反，只是诛灭反叛者而已。"起初，元文都得知发生了变故，进入后宫将杨侗带到了乾阳殿，布兵守卫，派将帅们依恃城墙来阻击王世充。

段达假传扬侗的诏命，把元文都抓起来送给王世充，到时被乱兵打死。段达又假传杨侗的诏命，开门让王世充进人，王世充派人把宿卫的人全部替换了，然后进去拜见杨侗并谢罪，说："元文都等人造反的迹象还不明显，但确实想杀害您，事情如此紧急，不敢有负国家。"杨侗与他结盟。当天，进拜王世充为尚书左仆射，总督内外诸军事。王世充离开含嘉城，移居尚书省，专掌朝政。让他的哥哥王世恽担任内史令，人居禁中，子弟全都拥有兵马，镇守各城邑。

二三、谋策正确的瞰欲谷

降民阿悉烂、跌跌思泰等人又从河曲叛逃回来。当初，这些降户向南到达单于，左卫大将军单于副都护张知运全部没收了他们的武器,让他们渡过黄河向南走,他们怨恨愤怒。御史中丞姜晦当时为巡边使,他们向他抱怨说没有弓箭,没法打猎,姜晦就把武器全部归还了他们,因此他们有了抵抗敌方的器具。张知运既然没有加以防备,就与这些降户在青刚岭开战,结果被他们打败。他们在战场上活捉了张知运,准备送给突厥,朔方总管薛纳率兵追击他们。敌军逃到大斌县,又被将军郭知运阻击,因而大败溃散,分散投奔黑山呼延谷,释放了张知运而逃走。

  皇上因为张知运丧失军队,斩杀他来示众。小杀得到这些降户以后,计谋想南下侵犯,暾欲谷说:"唐代君主英明勇敢,人民祥和,年成丰收,没有可以利用的空隙,不能轻举妄动。我们的部众刚刚聚集,还很疲弊弱小,应当暂且修养生息几年,才能够观机行事。"小杀又想修筑城堡,建造寺院,道观,暾欲谷说:"不可以。突厥户口稀少,不足唐朝的百分之一,能够与唐朝抗衡的原因,正因为随着水草而居住,没有固定的住处,以射击打猎作为产业,又都练习武艺。我们强盛时就出兵掳掠。弱小时就潜伏山林,唐朝军队虽然很多,也对我们无法施展。如果修筑城堡来居住,改变原来的

第十章 谋篇

习俗,一旦我们失败,就必定被唐朝吞并。而且,寺院、道观的做法,是教导人们仁义柔弱,本来就不是用武争强的方法,不可以设置。"小杀等人认为他的计策很正确。

谋篇第三

故外亲而内疏者,说内①;内亲而外疏者,说外。故因其疑以变之,因其见以然之,因其说以要之②,因其势以成之,因其恶以权之,因其患以斥之。摩而恐之,高而动之,微而证之,符而应之③,拥而塞之,乱而惑之④——是谓计谋。

计谋之用,公不如私,私不如结⑤,结而无隙者也。正不如奇,奇,流而不止者也。故说人主者,必与之言奇;说人臣者,必与之言私。

【注释】

①外亲而内疏者,说内:意谓对表面上亲密而内心深处却疏远的人要从内心深处去说动他。外,表面。内,内心。

②因其说以要之:根据对方陈述的意见,归纳其要

点,理解其讲话的本意。要,归纳。

③微而正之,符而应之:即用隐微的方法加以验证,使之自我矫正。符而应之,即以符验引证使对方的心理响应。

④拥而塞之,乱而惑之:拥而塞之,即用有意蒙蔽的方法去堵塞对方。乱而惑之,即以扰乱的语言去迷惑对方。

⑤公不如私,私不如结:意谓共同的事业不如私下交情,私下交情不如利益关系的一致。公,事公。私,情私。结,利结。

【译文】

表面亲近而内心疏远的人,和他交谈,就应当从内心方面去打动他。反之,表面疏远而志同道合的人,则要从外部同他改善关系。要使对方内外都亲,就应当根据对方的疑点来改变自己的计谋,根据对方的见解而肯定他,根据对方的言谈总结出对方的观点,根据对方的势力强弱去成就事业,根据他的好恶去谋划,根据他的忧患来排斥。如果他仍然没有改变,就揣摩他的心意而后去恐吓他,夸大事情的危害性去打动他,用事例证明,用符验引证他。假装拥护而敷衍他,扰乱他的思维，迷惑他的理智，进而控制他，这就是所说的计谋。

策划运用计谋，以公事的方式进行不如私下进行，私下进行不如与之结盟，结成巩固的联盟就没有间隙让敌方钻了。正规策略不如奇妙的策略，出奇计使之无法预料，就像流水一样不能阻止。因此游说人君时，必须先和他谈论奇策，游说人臣时，必须先他谈论私人的个人利益。

【感悟】

要想说动一个人，首先必须要清楚地了解他，看他是个什么样的人，有什么样的喜欢然后再对他实施计谋。以计谋而论，通常策略又不如奇妙的策略效果来得好。

【故事】

一、不知天寒

"不知天寒"来讽喻养尊处优、脱离百姓的人，是不会懂得百姓疾苦的。

此典出自《晏子春秋·内篇谏上》："景公之时，雨雪三日而不霁。公被狐白之裘，坐于堂侧阶。晏子入见，立有间，公曰：'怪哉！雨雪三日而天不寒。'晏子对曰：'天不寒乎？'公笑。晏子曰：'婴闻古之贤君，饱而知人之饥，温而知人之寒，逸而知人之劳。今君不知也。'"

这段话意思是说：

齐景公时，大雪接连下了三天还没停。景公穿着狐皮大衣，坐在大厅一侧的台阶上。晏子进来拜见，侍立了一会儿，景公说："奇怪呀！下雪三天而天气一点也不冷。"

晏子反问道："天不冷吗？"

景公笑了笑。

晏子说："我听说古代贤明的君主，自己吃饱却知道老百姓受饥饿，自己穿暖却知道老百姓忍受寒冷，自己安乐却能知道老百姓劳苦。如今您却是一点不知道。"

二、豺狼当道

"豺狼当道"比喻坏人掌握大权。

此典出自《后汉书·张筼传》："豺狼当道，安问狐狸。"

鬼谷子

东汉顺帝汉安元年（公元142年），朝廷选派特使到各地巡察，考察政治，如发现刺史太守有贪赃枉法行为，就上急奏弹劾，县令以下的官，可以不须奏报，立即逮捕处置。清廉而政绩好的则奏闻加以表扬。这些特使都是德高望重的老臣，只有张纲年纪最轻，官位最低。别人都受命出发了，张纲却将自己的车轮卸下，扔在洛阳城外的驿站旁。人们感到非常诧异，就问他为什么要这样做。他感慨地说："豺狼当道，安问狐狸。"意思是说：大恶不除，何必去问那些小恶？他所指的就是那时当权的大奸臣梁冀，政治的败坏都是由梁冀引起的。于是上了一封奏章，严厉揭发他的罪恶。但梁冀身为国舅，皇帝虽然了解张纲所弹劾的事实，可是不便发作，况且满朝都是梁冀的死党，怎能动摇他的分毫呢？

从此梁冀对张纲恨之入骨，很想找机会把他除掉。

三、坚壁清野

"坚壁清野"指军事上的一种战术。意即加固城墙或堡垒，将野外的粮食、财物收藏起来，目的是叫敌方既打不进来，又得不到东西，因而站不住脚。

第十章 谋篇

此典出自《三国志·魏志·荀彧传》:"今东方皆以收麦,必坚壁清野以待将军,将军攻之不拔,略之无获,不出十日,则十万之众未战而自困耳。"

三国时期,曹操手下有一位重要的谋士,名叫荀彧(yù)。荀彧小时候非常聪慧,有一次客人夸他说:"你真是做宰相的材料呀!"

东汉末年,战乱不息,荀彧放弃了在朝廷的小官,回到家乡颍川颍阴。他对父老乡亲们说:"咱们颍川这个地方,是块是非之地,如今天下大乱,如果打起仗来,颍川就是战场,大家赶紧想办法离开这里吧!"可是,乡亲们怀恋故土,不愿意离开。后来董卓的兵马来到颍川,结果许多留在颍川的乡亲都被杀害。

荀彧投奔曹操,曹操非常高兴,立即封他为司马。荀彧给曹操谋划了许多计策,对他政治上和军事上的胜利,帮助极大。

曹操打算攻取徐州,荀彧出来劝阻,并且讲了一番道理:"过去汉高祖刘邦争夺天下,是先保住关中;光武皇帝刘秀平定天下,是先占据河内。他们这样做,都是深根固本,以制天下,进足以取胜,退足以坚守。他们虽然遭到挫折、失败,但终于获得成功。这些历史的

 鬼谷子

经验不能不借鉴呀！现在你占领的地方，是军事要地，老百姓又愿意归顺你，虽说残破些，但很容易保存力量，你必须先把这些地方安定下来。再说徐州也不是那么容易攻打的，现在那里都收麦子啦，他们必定坚守城池，加固营垒，把庄稼都收藏起来，等着你去打他。可是如果你的兵马真的派去了，城攻不下，什么东西也得不到手，不出十天，你的十万大军，就会不战而溃。退一步说，即使你攻破城池，人家为报父兄之仇，必然坚守到底，那么你什么也得不到。如此权衡一下利弊，还是以不打徐州为妙，请你再考虑考虑吧！"

曹操听了荀彧的劝告，取消了攻取徐州的计划，果然稳定了自己的地盘，壮大了力量。

四、减灶之计

"减灶之计"表示在战争中隐瞒自己军队的实力，借此麻痹敌人。

此典出自《史记·孙子吴起列传》："……入魏地为十万灶，明日为五万灶，又明日为三万灶。"

战国时，韩国因魏国的进攻向齐国求救。齐王派田

忌为将,孙膑为军师,率军进攻魏国都城大梁。魏军主帅庞涓得知敌人袭击后方阵地,连忙撤军回援。孙膑听说魏军撤了回来,便对田忌说:"魏军一向勇猛善战,从不把齐兵放在眼里,我们为什么不加以利用呢?如果我军今天做饭时挖十万个灶,明天挖五万个,后天再挖三万个灶。魏军会认为我们的兵力越来越少,因此麻痹轻敌。"果然一路上庞涓见齐军的灶越来越少,高兴地说:"想不到齐军如此胆怯,才入魏国境内三天,士兵就逃亡过半。"于是他下令丢掉步军,只率领少数骑兵追赶齐军。当行至狭窄的马陵道时,到处倒着树木,非常难走。庞涓见地上放着一封信,便叫人举起火把来看,上面写着:"庞涓死于此!"这时,埋伏在两旁的齐军万箭齐发,魏军纷纷中箭,庞涓见难以逃命,就拔剑自杀了。

五、骄兵必败

"骄兵必败"意思是认为自己强大而轻敌的骄横军队必定要打败仗。

此典出自《汉书·魏相传》:"恃国家之大,矜民

鬼谷子

人之众，欲见威于敌者，谓之骄兵，兵骄者灭。"

魏相，字弱翁，济阴定陶（今山东定陶西北）人，西汉大臣，曾任河南太守、大司农、御史大夫、丞相等职。

公元前68年，宣帝刘询派侍郎郑吉、校尉司马熹，领兵攻打西北边境的车师国。车师王请求匈奴救援，匈奴没有及时派兵支援，因此车师国投降汉朝。

后来，匈奴派骑兵袭击车师。郑吉派人突围，给汉宣帝送去一道奏疏，请求派兵支援。

汉宣帝召集群臣商议这件事。将军赵充国主张趁当时匈奴势弱，派兵攻打匈奴右翼，使匈奴再不能袭扰西域。丞相魏相不同意派兵出战，他上书进谏，陈述自己的见解。他说："近年，匈奴没有侵犯我们边境。现在为了车师，就要去攻打匈奴，这是没有道理的。现在，边境上的老百姓生活很困难，没有衣服穿，只能穿着羊皮、狗皮，没有粮食吃，只能吃草籽，怎能轻易兴兵打仗呢？国内连年遭灾，收成不好；郡县的许多官吏不称职，风俗、道德也很成问题，儿子杀父亲，妻子杀丈夫的案件经常发生。我认为现在最主要的任务是处理好国内的事情，应当首先整顿朝政，任用贤能，这才是大事。即使这次出兵打了胜仗,后患也是无穷的。仗着国大人多而对外炫耀武力,这就是骄横的军队,军队骄横必定要灭亡。"汉宣帝采纳了魏相的正确意见,决定暂不去攻打匈奴,就派兵接应郑吉的军队返回渠犁。

六、平地风波

"平地风波"比喻意外突起的纠纷或事故;也可用来比喻无中生有。

此典出自唐代刘禹锡《刘梦得文集·竹枝词》:"长恨人心不如水,等闲平地起波澜"。

唐代贞元二十一年(公元805年),以王叔文为首的革新运动失败后,刘禹锡牵涉进连坐罪,不断地被贬。

对黑暗的现实的不满和自己被排挤诬陷,刘禹锡心里极其感慨痛恨。在任夔州刺史时,他模仿当地的民间歌谣,作了十一首《竹枝词》(古代歌曲中的一种,本来是西南地区的民间歌谣,刘禹锡首先改编写成诗歌)。在其中的第七首中,刘禹锡写道:"瞿塘嘈嘈十二滩,此中道路古来难。长恨人心不如水,等闲平地起波澜。"

鬼谷子

意思是说，瞿塘峡中，到处都是险滩，急流湍湍，行船一直都非常艰难。痛恨人心不如江中水，无缘无故平地起波澜。

七、攀龙附凤

"攀龙附凤"比喻巴结或投靠有权势的人。

此典出自汉代杨雄《法言·渊骞》："攀龙鳞，附凤翼。巽以扬之，勃勃乎其不可及也。又见《汉书·叙传下》：舞阳鼓刀，腾公厩驺。颍阴商贩，曲周庸夫。攀龙附凤，并乘天衢。"

据《汉书》记载：汉高祖刘邦在打天下的时候，有几位跟随他南征北战，立下汗马功劳的将领。他们是：舞阳侯樊哙，滕公夏侯婴，颍阴侯灌婴和曲周侯郦商。这几个人在跟随刘邦以前，都各自有着不同的工作：樊哙是杀狗的；夏侯婴先后做过沛县的厩司御（管牲口）和滕令；灌婴是贩卖丝绸的小商人；郦商是个很平庸的小官吏。由于他们投靠了刘邦，后来都干出了一番事业。所以，《汉书》的作者说他们是攀龙附凤，凭借别人的势力爬上来的。

"攀龙附凤"泛指攀附有权势的人以猎取功名富贵。因为龙、凤旧时多指帝王,所以也用这句成语来比喻臣下随从帝王以建功立业。如《后汉书·光武帝纪》中就有:"(士大夫)从大王于矢石之间者,其计固望其攀龙鳞,附凤翼,以成其所志耳。"

八、钱能通神

"钱能通神"这个典故比喻社会上金钱的魔力。

此典出自唐代张固《幽闲鼓吹》卷五十二:"钱十万,可通神矣,无不可回之事,吾惧祸及,不得不止。"

唐朝时,有一个叫张延赏的人,奉命审理一个案件。起初,他决心弄个水落石出,便命手下的人认真追查。第二天清晨,他发现桌子上放着一张纸条,上面写着:"钱三万贯,乞求不要再追究这件事。"

张延赏没有理会这件事,命人继续追查。过了几天,在他的桌子上又发现了一张纸条,上面写着:"十万贯"。张延赏一看行贿的钱数这么多,就不再追查这个案件了。别人问他为什么不继续追查了,他说:"十万贯钱,可以通神呀!……"

 鬼谷子

九、强龙不压地头蛇

"强龙不压地头蛇"比喻即使是强有力者,也难以对付盘踞当地的恶势力。

此典出自《西游记》第四十五回。

孙悟空、沙僧、猪八戒一行,历经千辛万苦,保护唐僧到西天取经。一天,路过车迟国,本要进见国王倒换关文,却与国王的假国师发生了冲突。正当国王疑惑的时候,只见黄门官来奏:"陛下,门外有许多乡老听宣。"宣至殿前,有三四十名乡老,朝上磕头道:"万岁,今年整个春季都无雨,夏季可能就会大旱,特来启奏,请那位国师爷爷祈一场甘雨,普济黎民。"国王应允,并对孙悟空说:"你今远来,冒犯国师,本当即时问罪;姑且恕你,敢与我国师赌胜求雨么?若祈得一场甘雨,济度万民,联即饶你罪名,倒换关文,放你西去。若赌不过,没下雨,就将汝等推赴杀场典刑示众。"孙悟空笑着答应了。

那位假国师原是虎力大仙。他起身拱手辞别了国王,径直走下楼来。孙悟空急忙阻拦他,问道:"你到

第十章 谋篇

哪里去?"虎力大仙说:"登坛祈雨。"孙悟空说道:"你也太自以为是了,对我这个远方僧人一点也不谦让。不过也难怪,这正是'强龙不压地头蛇'。"虎力大仙抢先一步,祈雨去了。后来孙悟空施展威风,让虎力大仙一败涂地。而他自己倒是祈来了瓢泼大雨,为当地的老百姓解除了燃眉之急。

一○、秦氏好古

后人用这则寓言讽刺那些自诩风雅,托名好古,而并不知古、不识古的伧夫鄙人。

此典出自《事林广记》:"秦朝有一士人,酷好古物,价虽贵,必求之。"

秦朝有一位读书人非常喜爱古董文物,价值即使昂贵,也必定要设法买回来。

一天,有一个人拿了一张破席亲自登门对他说:"从前,鲁哀公命孔子坐席问政,这就是孔子当时所坐过的席子呀!"

秦氏见了非常高兴,觉得席子历史悠久,就用靠近外城的田地把破席子换了下来。

鬼谷子

过了一段时间,又有一个人拿着一支古老的拐杖来卖给他,说道:"这便是周太王避开狄人,拄着拐杖去豳城时所使用的那支拐杖呀!它比孔子的座席还要早几百年。你打算给我什么报酬呢?"秦氏便把家里的钱都给了那个人。

接着又有一人拿来一只破碗,说:"席和拐杖都不算古老,这只碗却是夏桀制造的,大约又远于周朝了吧!"秦氏愈加认为古老久远了,就卖掉家中一切物器给那人。

秦氏得到了这三件自以为古老的东西,但他的田地财产却全部荡尽了,竟至于没有钱买衣服穿、买粮食吃。然而爱好古董的心情并没有变,始终不忍心把这三件古器扔掉。于是,他便披上哀公的破席,拄着周太王的拐杖,端着夏桀制造的破碗,在街市上行乞讨饭,嘴里还不断地哀告着:"我们的衣食父母们呀,如果你们有周太公的九府钱,恳求你们就给我一文吧!"

一一、毛遂自荐巧立功

中国古代战国时候,赵国都城邯郸被强大的秦国军队重重包围,危在旦夕。

第十章 谋篇

为解救邯郸,赵王想联合另一个区域大国楚国共同抗秦。为此,他派亲王平原君到楚国游说。

平原君打算从自己数千名家臣中挑选出有勇有谋的20人随同前往,可挑来选去,只挑选出19名。就在这时,有一位宾客不请自到,自荐补缺。他就是毛遂。

平原君上下打量了一番毛遂,问道:"你是什么人?找我何事?"

毛遂说:"我叫毛遂。听说为了救邯郸你将到楚国去游说,我愿随你前往。"

平原君又问:"你到我这里,有多长时间了?"

毛遂道:"三年了。"

平原君说:"三年时间不算短了。一个人如果有什么特别的才能,就好像锥子装在囊中会立刻把它的尖刺显露出来那样,他的才能也会很快地显露出来。可你在我府上已住了三年,我还没听说你有什么特殊的才能。我这次去楚国,肩负着求援兵救社稷的重任,没有什么才能的人是不能同去的。你就留下来好了。"

平原君的话,说得很坦诚。但毛遂却充满自信地回答道:"你说得不对,不是我没有特殊才能,而是你没把我装在囊中。若早把我装在囊中,我的特殊才能就像

# 鬼谷子

锥子那样脱颖而出了。"

从谈话中,平原君似乎觉得毛遂确有才能,于是接受了毛遂的自荐,凑足 20 名随从,前往楚国。到了楚国,平原君与楚王谈判。平原君详尽地讲了联合抗秦的必要性之后,要求楚王尽快地派出援兵去解救邯郸,可楚王不出声。他俩的谈判,是从清晨谈到了中午,还没有谈判出个结果来。等在外面的 20 名随员,焦急起来了。

毛遂此来,因是自荐,所以那 19 名随员内心里看不起他,总觉得他有些自吹自擂。这时候,他们想看看毛遂到底有什么才能,于是怂恿他道:

"毛先生,谈判久久没有结果。你进去问问究竟怎么样?"

毛遂立即答应了。他紧紧地按着腰中的剑,来到楚王的跟前说:

"大王,楚赵联合抗秦,事在必行。这只是两句话便可以议定的事情。可是,从早晨到现在总也商议不出个结果来,这是为什么呢?"

毛遂的出现与责问使楚王很不高兴。他不理睬毛遂,转身气愤地问平原君:

第十章 谋篇

"他是什么人?"

平原君说:"他是我的随员。"

楚王气愤了,转身斥责毛遂道:

"寡人正与你的主君议事,你算是什么人,竟也上来插言!"

楚王的话,激起了毛遂的满腔愤怒。他抽剑出鞘,然后向楚王逼近两步,大声道:

"尊贵的楚王,你所以敢斥责我,不就是仗着你们楚国是个大国吗?不就是仗着这时候围在你身边的侍卫人多吗?不过,我现在告诉你,眼下在这十步之内,你国大没有用,你人多也没有用。你的性命就在我的手里,你叫嚷什么?"

经毛遂这么一说,楚王吓得满头是汗,不作声了。

毛遂又道:"楚国是大国,应该称霸于天下。然而,你骨子里怕秦国怕得要死。秦国多次侵略楚国,占领了你们许多地盘,这是多么大的耻辱呀!想起这些来,连我们赵国人都感到害羞。现在,我们来联合你们抗秦,说是为着解救邯郸,同时也是为你们楚国报仇雪恨。可是,你却这般怯懦。你这叫什么大王!难道你就不感到惭愧吗?"

 鬼谷子

在毛遂激昂的一席话面前，楚王惭愧得不知说什么是好了。

毛遂于是又说道：

"尊贵的楚王，怎么样？愿不愿意与我们赵国一齐抗秦呀？"

"愿意！愿意！"

楚王满口应充。

楚赵两国签订了联合抗秦的盟约之后，平原君一行人很快地回到了邯郸。见了赵王，平原君说：

"我这一回出使楚国，多亏了毛遂先生。他那三寸不兰之舌，致使得咱们赵国重过九鼎大吕。他真比百万雄兵还要强啊！"

没过三天，毛遂的名字在赵都邯郸便家喻户晓了。现在这句成语常用来一个有才能的人勇于向别人推荐自己。

一二、孙武斩宠妃

春秋时代，有个齐国人是著名的军事家，名叫孙武。由于他的知名度很大，而且打仗的时候策略运用的

第十章 谋篇

好,所以世人都尊称他为"孙子。"

孙子把他打仗时运用的计谋和策略以及用兵的要点,汇编成了一本书《孙子兵法》。这在当时是很出名的,有很多国家都曾经派出间谍去偷这部名典。

这一天,他来到吴国,吴王阖庐久仰他的大名,十分希望能够任用他,对他说:"先生写的兵法十三篇,我都看过,真是妙不可言。可以小试一下兵阵部署,让寡人开开眼界吗?"

"可以。"孙武回答。

阖庐抚着胡须想了想,又笑着问:"可以让妇女来试试吗?"

"可以。"孙武点点头。

吴王喜得满面春风,连忙派人去后宫挑选了一百八十名美貌的嫔妃。

这些美女听说吴王要看她们练兵,觉得又新鲜又快活,个个淡施脂粉,挽起罗裙,袅袅娜娜地来到校场上。

孙武命令她们排成两列,又从中选出两名吴王的宠姬担任队长,让她们手执长戟,传达军令。

列队完毕,孙武大声问道:"你们知道心、背和左

 鬼谷子

右手的方位吗?"

众妃们觉得这很有趣,一个个嬉皮赖脸地答到:"知道。"

孙武又说:"我命令你们向前看,就注视心的方位;向右看,注视右手,向左看,注视左手。鼓声为号,懂了吗?"

"懂啦!"妃子们抿着嘴忍住笑。

孙武便在一旁设下军队行刑的斧钺。这时,一声号令,右边的战鼓隆隆擂响了。

妃子们俏皮地相互望望,终于憋不住地哈哈大笑起来,笑得直不起腰肢。

"静一静!"孙武皱着眉头喊道:"军令传达不明,是将军的过错。好,我再把规定讲一讲。"于是,他又三申五令,然后命令擂响了左边的战鼓。

鼓声一响,妃子们又忍俊不禁,笑得前仰后合。

"肃静!"孙武声色俱厉地喝道,"军令已明,知法不行,乃是士官的罪责!"说罢,他就命令卫兵将那两个队长推出去斩首。

吴王正坐在阅兵台上看得哈哈大笑,忽然看见孙武要杀他最宠爱的妃子,大惊失色,慌忙派人下令说:

"寡人已经知道将军会用兵了。寡人没有这两位爱姬，连饭也吃不香，请不要斩首。"

孙武出阵回令道："臣下既已受大王之命担任将军，有道是：将在军，君命有所不受。请大王不要干涉军中执法。"

吴王哑口无言，只好眼睁睁看着孙武将两位爱姬斩首示众了。

孙子接着派两名排头的宫女作队长，这时宫女们早吓得双腿发抖，再不敢嘻嘻哈哈当儿戏了。个个规规矩矩，随着隆隆战鼓进退卧倒，每个操练动作都符合了孙武规定的标准。

后来孙子带兵攻打楚国，将士都严守军令。

一三、孙膑围魏救赵

孙膑是中国战国时期著名的军事家。他与庞涓曾拜同一位老师学习兵法，后来两人一同为魏国效力。庞涓嫉妒孙膑的才能，想办法陷害他，致使孙膑被削去膝盖。后来孙膑被齐国大将田忌秘密营救到齐国。围魏救赵，就是孙膑与庞涓之间的一场战争。

鬼谷子

公元前四世纪中国战国时期，魏国率先在众多诸侯国中进行政治军事改革，国家渐渐强盛起来，并先后兼并了一些弱小的诸侯国。当时与魏国国力相当的国家，在其东部有齐国，在其西部有秦国。魏国的邻国赵国、卫国则是一些很弱小的国家。

公元前368年，赵国在齐国支持下，出兵攻打魏国的属国卫国。魏惠王派大将庞涓率兵近十万围攻赵国的国都邯郸。赵国只得向齐国求救。

齐国大臣邹忌主张不救，因为这样会消耗本国的国力。但大臣段干纶认为，如果魏国打败赵国，魏国的势力会更加强大，形成对齐国的威胁，主张救赵。

齐威王采纳了段干纶的建议，派出以田忌为大将、孙膑为军师的八万军队救赵。

关于孙膑的军事才能，有一个赛马的故事在中国家喻户晓。

齐国贵族中盛行赛马。大将田忌多次与齐王及王子们赛马，以重金下赌，但总是输多赢少。孙膑暗中观察，发现田忌的马和齐威王等人的马相差不大，并且都有上、中、下三等之分。于是，孙膑就对田忌说："下次赛马，你尽管下大赌注，我保证你能赢。"

第十章 谋篇

轮到下一次赛马,孙膑告诉田忌:"用你的下等马对齐威王的上等马,用你的上等马对他的中等马,用你的中等马对他的下等马。"结果三局比赛结束,田忌以二胜一负获得胜利,孙膑也因此一鸣惊人。

有一次齐威王与孙膑谈论军事时问:"如果两军对阵,彼此的阵地都很坚固,双方谁也不敢贸然采取行动,这种情况下怎么办?"

孙膑说:"可挑选一名既勇敢又有经验的将领,让他率领少量的快速部队去正面试探敌阵,只许败,不许胜,以诱惑敌人,另外再用一部分精锐部队隐蔽在敌人的侧翼,等敌人正面一乱,就从侧面袭击他们,一定能胜利。"

再说田忌与孙膑带兵援救赵国的故事。孙膑在分析形势后,认为魏国军队很强大,如果与魏军正面交锋会造成齐国的较大损失,所以应该避实就虚,乘魏国精锐部队在外,魏国国都大梁防务空虚的机会,攻打它的国都,迫使魏军回救大梁,赵国的危险就会解除。

为争取战略主动,孙膑决定给敌军制造齐国部队弱小的假象。他故意派无能的军官带兵进攻魏国的军事重

镇平陵,结果齐军大败。魏国大将庞涓以为齐军不堪一击,于是加紧对赵国的进攻,丝毫没有想到齐军会攻打魏国的国都大梁。

与此同时,孙膑亲自统率精锐部队直扑魏国国都大梁。庞涓得到消息,赶紧从攻打赵国的前线往回撤离,长途跋涉去保卫国都。因为兵困马乏,又陷入孙膑的包围圈中,结果魏军被打得大败。

一四、孙膑减灶杀庞涓

孙膑曾与庞涓一起学习兵法。后来庞涓在魏国做将军,自认为才能比不上孙膑,妒忌他,就把孙膑请到魏国设计陷害他,砍下他的双脚,又在他脸上刺字,让他一辈子不能做官任职。

有一次,齐国的使者来到魏国,孙膑暗中求见,说动了齐国的使者,使者就用车子把他藏着,偷偷带回了齐国。到齐国以后,田忌发现孙膑有过人之智,十分礼待他,还将他推荐给齐威王。齐威王向孙膑请教兵法,对他非常佩服。

周显王十五年(公元前354年),魏惠王攻打赵国,

第十章 谋篇

包围了邯郸。齐威王决定援救赵国,任命田忌为大将,孙膑为军师。田忌想率军直奔赵国,孙膑说:"想劝开打架的人,不可以自己也挥着拳头动手;想制止械斗的人,不可以自己也拿起棍棒格斗。避实而就虚,造成不得不停手的形势,那么问题也就解决了。如今魏国攻打赵国,主力精锐一定全部出动,国内就剩下老弱残兵。您不如率军突袭魏国的都城,占据交通要道,进攻防守薄弱的地方,魏军一定会放弃邯郸回兵自救。那么我们就一举两得,既解了邯郸之围,又趁机打击了魏国。"田忌听从孙膑的建议,魏军果然回救,在桂陵被齐军打得大败而逃。

周显王二十八年(公元前341年),魏王让庞涓率军攻打韩国,韩国向齐国求救。齐威王召集大臣,问道:"韩国派使者前来求救,你们看早出兵好,还是晚出兵好?"成侯回答说:"依臣之见,还是不救为好。"田忌说:"如果我们不救,韩国必败。那么,韩国就投向魏国了。我看,不如早些救援。"孙膑说:"韩、魏两国刚开战,双方都没有疲惫。如果我们现在出兵救韩,岂不是听命于韩国,替它挨打吗?因此,我们可以答应韩国,但要晚些出兵。这样,我们既可以获得重利,又

113

可以得到美名。"齐王听了,连声叫好。于是,他答应了韩国使者,然后打发他回国了。韩国见齐国答应救援,有了靠山,便坚持苦战,但打了五仗都失败了。这时,齐国出兵了。这次,齐王仍然让田忌担任大将,孙膑担任军师。田忌按照孙膑的计谋,直捣魏都。庞涓闻讯,只得回军。魏王让太子申担任大将,和庞涓一起抵抗齐军。孙膑对田忌说:"魏军一向轻视齐军,我们可以因势利导,让他中计。"

孙膑把计划仔细说了一遍。田忌拍手叫好,就和孙膑带领大军,直奔魏国的都城大梁。再说庞涓正在攻打韩国的都城,忽然听说齐国出兵去打大梁,带兵的是孙膑,不由得大吃一惊,急忙下令立即撤兵回国。等魏军回到国境,齐军进入魏国已经五天了。庞涓又急又气,带领人马紧紧追赶。他恨不得一口把孙膑吞了。谁知道追了一天,连一个齐兵的影子也没见着。傍晚来到齐军宿过营的地方,只见密密麻麻,遍地都是做饭的土灶。

庞涓叫人数了一数,足足有十万个。十万个土灶,足够上百万人做饭吃。庞涓心里暗暗吃惊,他没料到齐军有这么多。魏军又追了一天,还是没追上齐军,可见

第十章 谋篇

齐军宿营的地方,土灶减少了一半,只有五万个了,庞涓这才稍稍放心,命令魏军加紧追赶。

追到第三天傍晚,魏军探子向庞涓报告说:齐军的土灶只剩三万个了,并且乱七八糟的。庞涓听了哈哈大笑,说:"嗨,我说齐国的军队不行嘛!你们看,他们出兵才几天,士兵就逃跑了一大半!这一仗我们准能打胜!士兵们,追呀!"于是,庞涓把大队人马甩在后边,自己带着一队轻骑兵,拚命地追赶齐兵,想一下子捉住田忌和孙膑。

孙膑算定了:庞涓的人马第三天黄昏赶到马陵。马陵这地方两边都是高山,中间夹着一条小路。路边和山上,到处都是树木和野草,形势很险要。孙膑就在两边高山上埋下了伏兵。庞涓领着轻骑兵追了一天,果然在黄昏时候到达马陵。他发现前边横七竖八地堆了很多砍倒的树木,把路都堵死了。庞涓哈哈大笑,说:"齐兵怕我们追上,才想了这个笨法子。士兵们,下马搬树!"

树搬完了,天也黑了,魏军大队人马也赶到马陵来了。忽然,庞涓望见前面路边上,还留着一棵大树没砍倒,树干上隐隐约约有几个大字。他叫人拿火把一照,

鬼谷子

只见树上写着:"庞涓死此树下"。

庞涓大吃一惊,知道中了孙膑的计,转身就想逃走。就在这时候,两边山上火把通明,齐国的伏兵万箭齐发,喊声震天。魏国的人马死的死,伤的伤,乱成一团,十万大军,全部垮了。庞涓眼见要当俘虏,只得抽出宝剑来自杀了。

一五、"添"兵妙计

公元73年,北方匈奴发兵攻打东汉的云中。云中太守廉范率众抵抗。汉军人马少,要与敌军抗衡伯是寡不敌众。有人提议去求援兵,廉范不同意,他告诉大家要靠智谋战胜敌人。

面对强敌,廉范想出了一条"添"兵的妙计。他设计制作了一种十字形的火炬,吩咐每个士兵都手持一个火炬,手握一头,点着余下的三头,然后叫士兵们分散站开。远远看上去,一个人变成了三个人。匈奴果真中了计,以为汉军的援兵赶到了,于是不敢进攻。天亮后,匈奴打算撤退,廉范下令追击敌人。匈奴兵争相逃命。自此以后,云中再没遭到匈奴人的进犯。

第十章 谋篇

一六、诸葛亮计赚南安

三国时,蜀国丞相诸葛亮出兵祁山。在凤鸣山一带击败了魏将夏侯楙,夏侯楙率残部退守南安城。南安城防备坚固,而且有充足的粮草,蜀军强攻10多天,也没能得手。诸葛亮意识到,即使再强攻下去也不会有什么结果,便决定智取。

诸葛亮暗中派了几个心腹士卒,装扮成魏军士兵模样,去南安城附近的天水、安定两郡,假称夏侯楙急令两郡太守率兵前往南安城救援。

驻守天水的姜维觉得其中有诈,不同意轻易发兵,天水太守马遵听从了他的建议。安定太守崔谅见是夏侯楙的命令,不假思索便点起一支人马,由他亲自率领奔赴南安城。

崔谅一离开安定,诸葛亮便命令大将魏延率兵乘虚而入,兵不血刃便占领了安定城。

话说崔谅率领一支人马急行军赶到南安城,途中遭到了蜀军的埋伏,他被迫投降了蜀军。但诸葛亮也看出,崔谅的归降不是出于真心,而是被逼无奈的。但诸

鬼谷子

葛亮并不急于点破,他打算来个将计就计。诸葛亮故意派崔谅去南安城劝降太守杨陵。

崔谅进了南安城,便与杨陵约定,向诸葛亮诈降,把诸葛亮赚入城内杀掉。诸葛亮对此早有防备,他秘密布置军队埋伏在南安城外,命令关兴、张苞等人随崔谅进城。

关、张、崔三人走到城门口时,关、张二将突然杀掉了崔谅,占据了城门。蜀军的伏兵突然杀出,冲进南安城,一举拿下南安城,并生擒魏将夏侯楙。

一七、火烧新野

夏侯惇率领10万大军在博望坡遭惨败后,令曹操十分震怒。曹操点起50万大军。兵分五路,曹仁、曹洪为一路,张辽、张郃为第二路,夏侯渊、夏侯惇为第三路,于禁、李典为第四路,他亲自统领第五路,每路各领10万兵马,令猛将许褚领3000铁甲军为先锋,浩浩荡荡向南杀来,发誓要一战全歼刘备。

刘备闻讯,忙向诸葛亮讨教对敌之策。诸葛亮笑着说;"博望坡一仗,我军一把火烧了夏侯惇的10万人

第十章 谋篇

马,这次我们将在新野再烧曹军一次。不过,还得请主公同意立即移驻樊城。"

刘备同意后,诸葛亮立即布置迁移樊城一事。他派孙乾去河边准备船只,又让糜竺负责先护送军中家眷去樊城。

一切安排停当后,诸葛亮又召集请将部署作战事宜。他命关羽领兵1000去白河上游埋伏,多带布袋,里面装满沙土,阻住白河之水,等次日三更时听到下游有动静时便搬开布袋放水,之后顺水杀过来接应。又命令张飞领兵1000去博望渡口埋伏。赵云领3000兵马分成四人,由他亲自率领一队埋伏于新野城的东门,余下三队分别埋伏在西门、南门和北门之外,预先在城里的房屋顶上多藏一些硫黄等引火之物。等黄昏之后曹军入城歇息时—西门、南门和北门的伏兵往城中发射火箭,城中燃烧起来时,在城外不断击鼓鸣号呐喊,只留东门放敌人逃出城。由赵云在东门外追击,天亮后,再会合关羽、张飞杀回樊城。最后又命糜芳、刘封各率2000人,带一半红旗,一半青旗,到距新野城30里的鹊尾坡设伏,如有曹军到来,便让红旗军走在左,青旗军走在右,疑惑敌人,使其不敢进去。诸葛亮部署完毕后,

鬼谷子

便与刘备登高了望，等候各路兵马告捷。

曹仁、曹洪率领10万人马为前队，正往新野城杀奔而来。中午，先锋许褚来到了鹊尾坡前，忽见刘封、糜芳早已领兵在这里等候了。他们手下各有一队红旗军和一队蓝旗军。许褚怀疑他们设有伏兵，便飞马去报告曹仁。曹仁一听，知道是诸葛亮布下的疑兵，便命令许褚快速进兵，等许褚返回时，红旗军、蓝旗军早已不见踪影。

过了一会儿，曹仁的大军赶到了。曹仁见天色将晚，便下令一举攻下新野城，到城中去休息整顿。不料，他们发现城中空无一人，是一座空城。曹洪断定，一定是刘备军闻风丧胆，带领百姓们逃走了。曹军进城后，人困马乏，早已饥饿劳累不堪了，便都去民房中做饭休息。

半夜，狂风大作，值勤的士兵报告说，城中起火了，曹仁不以为然地说："不必惊慌，大概是士兵做饭时忘了灭火。"不一会儿，西门、南门和北门都报起火，曹仁这才觉得有些不对头，忙下令诸将披甲上马，准备作战。

很快，火势蔓延到了全城，到处火光熊熊。曹仁

第十章　谋篇

急忙率领诸将冒火突奔，寻路出城。曹军士兵惊慌不已，听说东门无火，便往东门奔来，争先恐后，自相践踏，死伤无数。曹仁好不容易出得城来，惊魂未定，忽听背后响起一片喊杀声，赵云横枪纵马杀了过来。曹军见状，不敢交锋，只顾各自逃命。"不久，刘封、糜芳又来截杀了一阵，曹军士兵更加狼狈，死伤更多了。

约摸四更左右，曹军好不容易摆脱了追击，来到白水河边，已是焦头烂额，疲惫至极了。他们见河水不深，便纷纷下马饮水，岸边一时间人喧马嘶，声音不绝。

埋伏在白水河上游的关羽许久不见下流有动静，早已等得心焦了，此时听到下游的动静，忙下令搬开布袋放水。大水汹涌而泻，毫无防备的曹军人马被大水淹没，溺死者很多。曹仁连忙来到水势平缓的博望渡口，想渡河逃命，不料杀声又起，张飞领兵来到了，截住曹仁厮杀。曹仁率众将苦苦厮杀；终于杀出一条血路，带着残部去投奔其他各队曹军。

再败曹军后，刘备、诸葛亮会齐人马，向樊城进发。

 鬼谷子

一八、周瑜除蒋干

周瑜是江东孙氏中一个足智多谋的将领。他用反间之计,一举除掉了曹操手下两个得力的水军将领。

原来,曹军士兵,多系北方人,不习水战。曹操在占领荆州之后,便用降将蔡瑁和张允为都督,训练水军,为扫平江东做准备。蔡、张二人,久居荆州,深得水战之妙。由他们训练水军,对江东显然是一种潜在的威胁,周瑜深为忧虑。一天,周瑜正在帐中议事,有人通报故人蒋干来访。周瑜对众将作了一番部署,遂整衣出迎。

这蒋干,字子翼,与周瑜自幼同窗,交情颇厚,现为曹操帐下幕宾。这次,他是主动请命前来江东的,目的是要说动周瑜投降。对此,周瑜自然心中有数。所以,他一见面就把蒋干的嘴"封"了起来:他命大将太史慈监酒,声称"今天是老同学相见,但叙朋友之情,不言军旅之事,有言之者当即斩首"。然后,他又以江东精勇雄壮的士兵、堆积如山的粮草和众多的文武英杰,夸示蒋干,使得蒋干始终无法开口道出说

第十章 谋篇

词。欢宴之后,周瑜一定要与蒋干同榻而眠。他故作大醉之状,和衣而卧,呕吐狼藉,一会儿就鼾声如雷。那蒋干因心中有事,难以入睡,二更即起,见帐内残灯尚明,桌上堆着文书,便下床偷看,他见有蔡瑁、张允写给周瑜的一封投降书信,不禁大惊,忙将其藏到了身上。这时,周瑜在床上翻了个身,说起了梦话,道是数日之内要让蒋干看那曹操的脑袋。蒋干连忙熄灯上床。将近四更时分,只听得有人进帐唤道:"都督醒了吗?"周瑜装作梦醒的样子,故意问那人说:"床上睡的是什么人?"那人答道:"都督请子翼一同睡觉,怎么忘记了?"周瑜懊悔地说:"我平日从未醉酒,昨天喝醉了,不知可曾说过些什么?"那人道:"江北有人过来。"周瑜小声喝道:"低声!"又叫:"子翼。"蒋干装作睡着,一声不应。

周瑜同来人悄悄走出帐外,蒋干则在帐内偷听。只听来人在外面说:"蔡、张二位都督道:'急切中无法下手。'"后面的话因声音太小,无法听清。一会儿,周瑜回到帐内,又叫:"子翼。"蒋干不应,仍然蒙头假睡。周瑜遂脱衣就寝。蒋干暗想:这周瑜是个精细人,天亮后若不见了蔡、张二人的书信,岂肯与

我干休?因此,刚到五更,即趁周瑜熟睡之机,悄悄溜出帐外,叫上随身带的小童,飞快地赶到江边下船回江北去了。

蒋干回到江北,去见曹操。曹操问道:"子翼,事情办得怎么样?"蒋干回答说:"周瑜雅量高致,不是言词所能打动。"曹操十分不悦,道:"事情没有办成,反让人家笑话!"蒋干说:"虽然没能说动周瑜,却为丞相打听到一件重要事情。请摒退众人。"待左右之人退下,蒋干取出书信,并将听到的事情一一告诉了曹操。曹操大怒道:"这两个贼人竟敢如此大胆!"遂唤蔡瑁、张允入帐,未容二人分辩,即命武士推出斩首。这样,大战尚未开始,曹军最为得力的两个水军将领,就被周瑜以反间之计轻而易举地除掉了。

一九、王镇恶奇袭江陵

王镇恶是名臣王猛之孙,南朝宋北海剧人。因他生在五月,家人根据当时的习俗,以为不吉,想把他过继给远房亲戚,王猛得知后说:"此儿不凡。从前孟尝君也是出生在恶月,却做了齐相,我相信这孩子将来一定

第十章 谋篇

能够干出一番大事业。"对孩子寄予厚望的王猛，就给他取了个名字——"镇恶"。

镇恶喜欢谈论军国大事，他熟读了诸子兵书，虽不善骑射，却很有谋略，做事果断。

公元409年，刘裕征伐广固之时，镇恶正好担任天门郡临澧县县令。有人把镇恶推荐给了刘裕，刘裕派人把王镇恶召来，交谈之后，发现他确实不是一般的人物，于是请他留宿。第二天一早，刘裕对部下说："镇恶是王猛的孙子，真是将门出将才。"随即委以官职。

公元412年，晋太尉中书监刘裕谋划征讨原来统管荆、宁、秦、雍诸州军事的东晋将领刘毅，镇恶说："如果将军想征讨刘毅，请允许我率领一百只船为你打头阵。"刘裕率军讨伐刘毅，他任命王镇恶为参军事，并派遣他率领龙骧将军蒯恩统辖的一百条船先行。镇恶接到命令，随即日夜兼程，谎称是刘藩前往江陵看望其兄刘毅。刘毅信以为真，没有进行有效的布防。

在距离江陵仅二十里时，镇恶就离船登陆了。蒯恩率兵在前开路，接着是镇恶所部，每条船上只留一两个人看守。镇恶又让人在船的对岸安置战鼓，并插上若干

大旗,然后吩咐看守人说:"你们估计我快要到江陵的时候,便实行戒严,造成好像后面有大军即将到来的样子。"他又派一部分军队在后,叫他们去焚烧江津的船只。镇恶则直接前去袭击江陵。

由于事先施行了疑兵的计策,津戍及百姓都说是刘藩逆流而亡。等晋军快要到达城边的时候,遇到刘毅的大将朱显之带领人马沿江巡逻。朱显之看见大队的人马向前快速行进,便策马向前询问刘藩所在,晋军回答:"还在后面。"显之行至军后,仍然没有见到刘藩,又听见鼓声阵阵,看见江津船舰被烧,于是得出判断,并不是刘藩前来江陵,便跃马飞报刘毅,急令闭门迎敌,但已经太晚了,王镇恶已率兵杀入城内,在城边顺风放火,焚烧大城的东南两门。

镇恶又派人将皇帝的诏书、赦文以及刘裕的手书一起交给刘毅,刘毅非常傲慢,他并没有看这些东西,将它们全部焚毁。等到大军交战的时候,两军中竟有不少人是父子兄弟以及亲戚朋友,他们边说边战。刘毅的部下得知刘裕大军在后,更是没有心情再战,慌乱之中,刘毅从大城东门逃至牛牧佛寺,最后走投无路自缢而死。王镇恶则因功受封为汉寿县子。

第十章 谋篇

二〇、张巡智斗令狐潮

唐玄宗天宝十四年冬,安史之乱爆发。数月后,安禄山就攻陷东都洛阳,称帝,国号为"大燕"。由于大唐王朝承平日久,而安禄山早有反意,声势浩大,于是一些州县的太守、县令早被燕军的气势吓得手足无措,望风而降。

天宝十五年,燕军将领张通晤攻陷宋、曹等州,谯郡太守杨万石投降燕军,而真源县正是在谯郡的辖地内。杨万石降敌后,又逼张巡为长史,并令其向西接应燕军。张巡得知后很气愤,率吏民大哭于真源玄元皇帝祠,然后起兵对抗燕军,响应的有千余人。

这时候,玄宗任命吴王李祗为灵昌(今河南滑县东)太守,河南都知兵马使,统合河南兵马以抗击安禄山。单父尉贾贲、阆州刺史璇之子等人,带领官兵先到,称为吴王兵,对宋州展开反攻。张通晤败走襄邑,被顿丘令卢韺所杀。之后,贾贲领兵至雍丘与张巡会合,共有两千余兵。这时的雍丘县令令狐潮已经率全县投向燕军。燕军任令狐潮为军将,率兵向东驰援襄邑。

令狐潮击败在襄邑的淮阳军,俘虏了百余官兵,并将他们囚禁在雍丘,准备杀害,然后又去见燕军大将李庭望。淮阳兵俘虏乘机杀掉守卫,雍丘城内顿时大乱。贾贲、张巡等得以乘乱攻入雍丘。令狐潮弃城逃跑。

肃宗至德元年二月,令狐潮又率领燕军一万五千意图夺回雍丘,而雍丘城内唐军总共不过三千余人。贾贲出战,因兵力悬殊,不敌,兵败而死。张巡驰骑决战,身上被创无数,但仍然力战退敌。退回城后,兵士们推张巡为主将,从此张巡兼领贾贲的部队,自称河南都知兵马使吴王李祗的先锋使。在张巡指挥下,击退燕军多次冲锋,累计杀伤近万人,而唐兵也死伤一千余人;面对唐军的抵抗,令狐潮不得已退兵。吴王李祗闻之,举荐张巡为委巡院经略。

同年三月,令狐潮会同燕军将领李怀仙、杨朝宗、谢元同等率兵四万余人蜂拥来到城下,企图一举攻下雍丘城。这时雍丘城内约有两千守军,而对手则有四万大军,城内军民大为恐惧。于是,张巡对众将士分析到:"敌知城中虚实,有轻我心。今出不意,可惊而溃也,乘之,势必折。"众将士听后,大为鼓舞。于是,张巡派一千人负责守城,亲自率一千人,分数个小队,突然

第十章 谋篇

从城中杀出。张巡身先士卒,直冲杀向燕军阵中。敌军虽众,但事出突然,惊惧无措,顿时大乱,燕军后撤。

次日,燕军再集结攻城,环城安置百门石炮(投石机)轰击,城楼及城上矮墙全被毁坏。张巡于城上立木栅,抵御燕军进攻。燕军纷纷缘城攀登,张巡用蒿草束灌上油脂,焚而投之,燕军士兵害怕被烧,不敢登城。张巡时而待燕军松懈之际,出城突袭;时而趁夜深人静之际,偷袭敌营。就这样,张巡身先士卒,带甲而食,裹伤战斗,坚守雍丘达六十多天,共经历大小数三百余战。令狐潮见在短期内不能取下雍丘,只好撤兵而去。张巡得知燕军要撤退,便率兵乘胜追击,果然大有所获,俘虏叛兵两千多,几乎活捉令狐潮。雍丘守军士气大振。

令狐潮因为撤退而失利,十分愤怒,于是回头再次围攻张巡。令狐潮本来与张巡是邻县县令,素来相熟。他知道强攻是不易取下雍丘的,便想诱降张巡。令狐潮在城下像平时见面那样和张巡互相问候,并成绩在城下劝降道:"天下事去矣,足下坚守危城,欲谁为乎?"张巡答曰:"足下平生以忠义自许,今日之举,忠义何在!"令狐潮听后,惭愧而走。

到五月,张巡与令狐潮已经攻守相持了四十余天。

令狐潮因久攻不下，又添兵加将。这时候，长安已经失守，唐玄宗已逃往四川。由于雍丘与外界早已失去了联系，张巡并不知道这些情况。令狐潮乘机送信招降张巡，说是大局已不可挽回，不如早降。

张巡接到信后，将情况告诉了众将官。有六名将官动摇了，要求率兵投降燕军。六人认为敌我兵力悬殊、形势不妙，既然皇上生死不明，不如早降。六人都官至开府、特进，在军中都有相当影响。六人要降，军心势必动摇。于是，张巡假装许诺，称明日再具体商议。第二天，张巡在堂上放置皇上的画像，率领将士朝拜，然后宣布六人的投敌计划。全军上下有感于国破家亡，遂群情悲愤，纷纷指责六人无耻行径。张巡把六人带到前面，责其不忠不义，扰乱军心，当即推出斩首。此举坚定了军心。

雍丘被围日久，城中粮食日渐缺乏。这时，恰好有数百艘为燕军补给的运粮船，刚停靠在河边，仍未卸粮。张巡从城上发现这个情况，便在夜间把军队集中到城的南面，装出好像要出战的样子。令狐潮见巡军集中到城南，也把军队调到城南来抵拒巡军。张巡知燕军完全调到城南后，便派遣勇士静静的到达河边，把燕军运

第十章 谋篇

粮船上的粮食夺走千多斛，然后放了一把火，把剩下的粮食通通烧光。

张巡智盗敌粮，令狐潮大怒，下令全力进攻。连日来，为了抵抗燕军进攻，雍丘守军很快就把准备的箭都射光了。在此危急之际，张巡在晚上，令士兵们把事先准备好的稻草人穿上黑衣，用绳子绑好，从城上慢慢放下。燕军隐隐约约看见有成百上千个穿着黑衣服的士兵，沿着绳索爬下墙来，报知令狐潮。令狐潮断定是张巡派兵偷袭，于是命士兵向城头放箭，射杀唐军。一时间，燕军兵士争相施射，一直放到天色发白。待到天色大亮，燕军这才发现城墙上所挂的全是草人。草人身上密密麻麻地插满了箭。白天一数，共得敌箭数十万只，这解决了军中缺箭的问题。

之后一连几天，还是像前次夜里一样，城墙上都出现了草人。令狐潮的兵士见状，都嘲笑张巡故伎重演，贪得无厌。于是只箭不发。逐渐，围城的燕军对张巡夜缒草人以为常，不再防备。

几天后，张巡挑选了五百勇士，并在夜里把他们放下城去。燕军士兵以为这次城上吊下来的仍是草人，没有防备。五百勇士乘敌毫不防备，突然杀向令狐潮的大

鬼谷子

营。燕军顿时大乱,自相冲撞践踏,不辨敌我。令狐潮下令集合人马,但仓皇之中,已不及组织抵抗,被唐军杀得四散走避。令狐潮纵马一直逃到十几里外,才稳住阵脚。

不久,令狐潮又纠合兵马,加紧围城。

期间一日,张巡让郎将雷万春在城头上与令狐潮对话,燕军乘机用弩机射雷万春,雷万春脸上被射中了六处,仍旧巍然挺立不动。令狐潮怀疑是木头人,就派兵去侦察,得知确实是雷万春,十分惊异,远远地对张巡说:"刚才看见雷将军,才知道您的军令是多么森严了,然而这对于天道又能怎样呢?"张巡回答说:"你人伦都不知,还有什么资格来谈论天道?"

这时,由于被围日久,雍丘城中木材已经用尽,水源也十分枯竭。于是,张巡故意装出弃城的样子,对令狐潮放话道:"我想率军弃城撤退,请你军队向后退出六十里,以便我逃逸。"令狐潮久攻不下,不知是计,便答应了。张巡见令狐潮军一退,便率领所有城中军队一起把城外三十里范围内的燕军营房完全拆掉,将木材带回城,以作为护城的工具。令狐潮大怒,立刻下令重新包围雍丘。

第十章 谋篇

不久,张巡又向令狐潮传话:"如果你要得到这城,可以送马三十匹,我得到马之后,就要出奔了,到时你就可不血刃而得道雍丘"。令狐潮取城心切,照数送了三十匹马给张巡。张巡得到马后,挑选出三十位骁勇将士,将马分给他们,相约道:"燕军若来,每人杀一敌将。"第二天,潮率兵来到城下,责备张巡失约。张巡答道:"我想逃,但将士们不让我走,有什么没办法?"令狐潮知又中计,大怒,正想攻城。未等军阵排好,城内突然有三十骁骑率兵杀出。燕军因为军阵未成,一时大乱。三十铁骑率兵,左挑右杀,擒获十四名叛将,斩百余首级,还缴获不少兵械牛马。令狐潮退到陈留,一时不敢再攻雍丘。

令狐潮退兵后,张巡又探知有燕军步、骑兵七千余人进驻白沙涡,想切断雍丘后路。于是张巡在夜间率兵突袭,大败燕军。当张巡回军经过桃陵(今河南汜水县东南十里)时,又与四百余名燕军救兵相遇,全部将其俘虏,并把当中的胁从兵释放,令其各归其业。在这来回十日里,张巡威名远播,民众脱离燕军前来雍丘归附张巡的达一万余户。这时为止,张巡在雍丘被围已有四月,围城燕军常有几万人,而张巡仅有千余士兵,但每

战皆捷。于是,河南节度使虢王李巨进驻彭城(今山东,济南),授张巡为先锋。

同月,令狐潮率领叛将瞿伯玉再次攻城。令狐潮先派四人,假装朝廷使者,说皇帝要诏见张巡,要求张巡前往。四人被张巡识破,经逼问招供后被杀。其余随从被压王吴王李祗处。不久,令狐潮撤退。

八月,燕军将领李庭望率领蕃汉兵二万余人向东袭击宁陵与襄邑,夜里在雍丘城外三十里处宿营。结果,遭到张巡率领的三千士兵,手持短兵器夜袭。燕军大败,死伤大半。李庭望只得收兵连夜而逃。

十月初四,令狐潮又与叛将王福德一同率领步、骑兵一万余人进攻雍丘。张巡再领兵迎击,大败燕军,杀敌千人。燕军败逃而去。

十一月初八,令狐潮率兵一万余人扎营于雍丘城北面,张巡领兵邀击,大败燕军,燕军逃走。

二一、赵遹纵火取胜

北宋徽宗统治时期,泸州(今属四川省)南部彝人因久遭州官贾宗谅的残酷压榨,积怨很深。政和四年,

第十章　谋篇

贾宗谅枉杀彝人大首领斗箇旁等，更使矛盾激化。政和五年正月，晏州（今四川兴文）多冈部大首领卜漏利用部族民众不满，集泸州长宁军管下百余村及思峨（今四川省珙县西北）之众十余万人，乘上元灯节分兵四出，攻围乐共城（今四川兴文东北）、长宁（今四川珙县东）、武宁（今四川长宁南）等寨堡，均不克，于是集兵攻陷梅岭堡（今四川兴文北）。大肆焚掠后，还掳走守把寨官高公老的妻子（北宋宗室之女）。很久不见兵燹的巴蜀之地，一片惊慌。

梓州路转运使赵遹巡察至昌州（今四川省大足）的时候，听到这个消息，便驰赴泸州，与提点刑狱贾若水等征集附近军队万余人，督贾宗谅率兵趋江安（今属四川），阻扼卜漏渡江北上。卜漏再攻武宁、乐共等地，贾宗谅出兵迎战，又被打败。赵遹收拢余众进据乐共城，明示招安，分化诸部族；暗筑城寨，请调援兵，准备攻讨。为缓和矛盾，还将残害少数民族的乐共城兵马监押潘虎处死。在这种情况下，彝人首领斗岗、卜漏等虽然先后接受安抚，但因久怨未解，冲突依然不断。

七月，宋廷以赵遹为泸南招讨统制使，同统制王育、马觉以下俱受赵遹节制，并先后调泾原、环庆等路

 鬼谷子

兵七千人奔赴泸南。十月十三日，赵遹率三万余众由江安出发，分路进攻。以王育出乐共城，马觉出长宁军（今四川长宁南），别将张思政自中路出梅岭堡。经十余日连续攻战，官军克晏州周围各村囤。十一月上旬，各路先后到达轮缚大囤（今四川兴文西南）会合。

轮缚大囤位于陡峭大山之上，高数百仞（古代长度单位。周制八尺，汉制七尺，周尺一尺约合今二十三厘米），周四十馀里，山高林密，地形险要。当时，各囤逃亡者都聚集在这里。卜漏在这里垒石为墙，竖木为栅，布以强弓硬弩，严谨防守。又在上山的要道上挖陷井，砍树木，堵塞通路。赵遹每次进攻，均被山上的擂木滚石打得落花流水，只得在山下扎营，另谋进攻良策。而卜漏则自恃天险，以为居高临下，可万无一失，不免产生麻痹思想。

泸州都巡检使种友直，乃将家子弟，胆大心细，思虑慎密。思黔州巡检田祐恭，是本地夷人，他所率领的土丁，都善走山路，又熟悉夷人情况。赵遹对他们很信任，经常带他们在轮缚大囤各处巡视。这一天，赵遹又带着两人攀岩涉险，深入大山各处察看。他发现山后有一处悬崖绝壁，比别处高出甚多，无路可通，卜漏依仗

第十章 谋篇

天险而没有设防；他又发现有许多猴子在附近跳上跳下。于是一个破敌的妙计在他头脑中产生了。

他命令种友直和田祐恭率所部在崖下待命，自己仍回山前督战。种友直对此很不理解，表示愿去山前冲锋。赵遹也不解释，只是令二人从命，否则以军法行事，并表示以后肯定有重要的任务交给他们。

次日黎明，赵遹又派兵从正面进攻，卜漏悉力拒守，矢石如雨，官军打到半山腰，便再不能前进一步，只好后退，但后续部队又接着进攻。就这样，官军每日擂鼓呐喊，轮番进攻，自晨至晚，并无间歇。如此一连数日，卜漏军疲于应付，士气渐减。这段时间，种友直和田祐恭率军在崖下待命，士兵们无所事事，只能靠睡觉打发时光。

正当种友直和田祐恭百无聊赖之际，赵遹把他们秘密召来，告诉他们以猴助战、纵火取胜的计谋。他吩咐种友直开辟道路，准备藤葛，吩咐田祐恭捕捉猴子，务必尽快完成任务。次日，二人前来复命，称已开辟出一条可以匍匐而行的直达山顶的小路，捕获猴子数十只。赵遹大喜，又向二人详细布置了任务，同时命令诸军：准备云梯，看见山后火起，便发动进攻。

鬼谷子

庚辰这一天,种友直和田祐恭选所部锐卒两千余人,以麻绳浸油脂背负猴身,乘夜携猴攀云梯上山。初更时分,疲惫不堪的卜漏军在军营内鼾声大作。种友直和田祐恭一声令下,兵士们便点燃猴身油绳,放猴入寨。寨中庐舍皆竹木茅草所搭建,火猴窜到哪里,那里的茅棚便随即火势大作。夷人们为阻止火猴的奔窜,便大声惊吓围捕。猴子们受到惊吓,更加慌乱,更是到处乱跑,火势也更加迅速蔓延。

官军们乘机大声叫喊冲杀,赵遹见山上火起,便命诸军发动进攻。在官军的前后夹攻之下,夷人被烧死的、跳崖摔死的不计其数,被斩杀三千余人。卜漏突围后逃往山后轮多囤,不久也被宋军俘获,泸南遂平。

二二、韩世忠大胜金兵

建炎四年(公元1130年),韩世忠以建康、镇江、淮东宣抚使的身份驻守镇江。这年,金人与伪齐刘豫合兵,分道人侵南宋,高宗手谕韩世忠整饬守备,图谋进取,辞旨非常恳切。韩世忠接到手谕后,感动地流下泪来,表示:"皇帝如此忧虑,我还要生命干什么呢!"于

第十章 谋篇

是从镇江北渡,派统制解元防守高邮,等候金人步军;亲自率领骑兵进驻大仪,阻挡敌人的骑兵,破伐木头,做成木栅,自己断绝了自己的退路,显示与敌人决一死战的决心。

正巧朝廷派遣魏良臣出使全国,韩世忠命部队拆撤炉灶,并哄骗魏良臣说,圣旨命令我们撤到江南防守。魏良臣疾驰而去,韩世忠估计他已走远,即上马命令部队说:"沿着我鞭子所指的方向前进。"于是,率兵来到大仪,布置了五个战阵,设下二十几道埋伏,约定听到鼓声后就发动攻击。魏良臣来到金军大营,金人盘问南宋军队的动静,魏良臣就把自己见到的情景全部说了出来。金军统帅聂儿孛堇听说韩世忠撤退,非常高兴,引兵前进,来到距大仪五里路的江口,别将挞孛也正巧率铁骑路过宋军王阵的东面。韩世忠下令击鼓,宋军伏兵四起,旗子的颜色与金人的混杂在一起,金军开始混乱,宋军勇敢地前进。南宋背鬼军的将士们人人手持长斧,上劈人胸,下砍马腿。敌骑陷入泥沼之中,韩世忠指挥强劲的骑兵四处践踏、蹂躏,全歼金人骑兵,俘虏了挞孛也等二百多人。

韩世忠的部下董旼也在天长县的附近击败金兵,生

鬼谷子

擒女真四十余人。解元在高邮遭遇敌人，领水军夹河布阵，每天平均与敌人接战十三次，相持不决，韩世忠立即派成闵率骑兵增援，大败金兵，俘虏生女真和千户等头目。韩世忠亲自追杀溃军到淮河，金兵自相践踏，溺死了很多人。

捷报传来，群臣入朝庆贺，高宗说："世忠忠勇，我就知道他一定能够取胜。"大臣沈与求说："自建炎以来，将士们还没有同金兵迎面战斗过；今天，韩世忠接连胜利，大挫敌人锋芒，这个功劳可真不小啊！"高宗说："我一定要优厚地奖赏他们！"于是，韩世忠的部将董旼、陈桷、解元、呼延通等人都被不同程度地提拔。有评论说，这一战是南宋中兴取得的第一场战功。

二三、放走间谍的岳飞

建炎四年（公元1130年），金兀术进攻江南，宋将杜充出卖建康城，投降兀术。溃败的南来军队四处抢掠，军律散漫。唯独岳飞的部队纪律严明，对百姓秋毫无犯。兀术向杭州逼近，岳飞在广德境内狙击敌人，六战六胜，生擒金将王权，俘虏敌军首领四十多人。对降

第十章　谋篇

金的汉人将领进行感化，命他们回去后作为内应。入夜，反正的将领们纵火烧毁敌营，岳飞乘乱进攻，把敌人打得大败。岳飞部队在钟村驻扎时，军中粮食吃完，将士们忍饥挨饿，也不去打扰老百姓。金人控制的伪军都相互传颂说："这就是岳爷爷的军队！"大家争着前来归降。

岳飞率军进入贺州境内，抓获叛军曹成的间谍，绑在军帐之中。岳飞故意走出帐篷，下令调集军粮，管粮的人回答："粮食已经吃完了，怎么办呢？"岳飞大声说："那部队就暂时返回茶陵"。接着，返回帐中，好象突然注意到有间谍在内，装出十分后悔的样子，暗中却制造机会，放间谍逃走。间谍回去后，把偷听到的假情报告诉了曹成，曹成大喜过望，准备第二天追击岳飞。岳飞放走间谍后，立即命令士兵连夜吃饭，悄悄地拔营出发，天亮之前，部队已绕过山岭，到达太平场，攻破了当地敌人的营寨。曹成占据险要地势，抵抗岳家军，岳飞指挥部队全线进攻，击溃敌兵。曹成退守北藏岭、上梧关一带，派兵阻止岳家军的攻势，岳飞来不及布阵，就擂起进攻的战鼓，战士们奋勇争先，夺取了这两处险要的关口。曹成又在桂岭到北藏一线设置军寨，控

 鬼谷子

制险要的道路,并亲自率十余万人镇守在蓬头岭上。岳家军只有八千士兵,他们一鼓作气,登上蓬头岭,大败敌军。曹成逃奔连州。岳飞对部将张宪等人说:"曹成已经溃败,如果不断追杀,被胁从的人就会无辜丧生;如果任由他们逃走,不久又会集合起来作乱。我今天派你们去追,只杀首要分子,招抚随从人员,千万不要妄开杀戒,破坏皇帝对百姓的仁慈之名。"于是,张宪在贺州、连州,徐庆在邵州、道州,王贵在郴州、桂州共招降了两万人马,最后同岳飞在连州会合,继续追剿曹成。曹成走投无路,主动投降。这次平乱发生在盛夏之时,连州等地又十分荒蛮,瘴气弥漫,岳飞准备充分,没有一个士兵染上瘴气死亡。

平定叛乱后,岳飞被授予武安军承宣使,屯驻江州。部队刚刚返回江州境内,安抚使李回便传檄岳飞逮捕马友、郝通、刘忠、李通、李宗亮、张式等巨寇。岳飞接到命令后,很快平定了叛乱。

第十章 谋篇

谋篇第四

其身内,其言外者,疏①;其身外,其言深者,危。无以人之所不欲而强之于人②;无以人之所不知而教之于人。

人之有好也,学而顺之;人之有恶也,避而讳之,故阴道而阳取之也。故去之者,纵之,纵之者,乘之。貌者不美又不恶③,故至情托焉。可知者,可用也④,不可知者,谋者所不用也,故曰:"事贵制人,而不贵见制于人。"制人者,握权也,见制于人者⑤,制命也。

故圣人之道阴,愚人之道阳;智者事易,而不智者事难。以此观之,亡不可以为存,而危不可以为安,然而无为而贵智矣。智用于众人之所不能知,用于众人之所不能见。

既用,见可,择事而为之,所以自为⑥也;见不

可⑦，择事而为之，所以为人也。

故先王之道阴。言有之曰："天地之化，在高在深；圣人之制道，在隐与匿。非独忠、信、仁、义也，中正而已矣。"道理达于此义者，则可于言。由能得此，则可与谷远近之义。

【注释】

①其身内，其言外者，疏：身内，关系亲密，交情深厚。言外，说话不交心，只是表面应酬。疏，被疏远。

②无以人之所不欲而强之于人：意谓不要用人家不需要的，强加给人家。

③貌者不美又不恶：貌者，思想感情的外部表现。不美，不喜形于色，不恶，怨怒不外露。

④可知者，可用也：知道对方心理，运用自己谋略，用谋在于知人。

⑤见制于人者，制命也：意谓被人所制，就是命运被人操纵。

⑥自为：为己考虑。

⑦见不可：于己不利。

【译文】

与关系亲密的人交谈，话语不亲密，关系就会疏

第十章 谋篇

远,与关系疏远的人交谈,如果深谈,就会有危险。不可把别人不喜欢的,不想做的,强加于人,不要以别人不知道的去教导人。

别人喜欢什么,就应当顺从他;别人讨厌的,就极力避开不去谈论,要用隐而不露的方法获取对方的欢心。要排斥的人就放纵他,以放纵而使他作恶多端,然后乘机除掉他。如果某些人不随便表示喜悦,也不随便表示厌恶,这种人属于冷静而不偏激的人,因此可以把重大的事情托付于他。

能够了解、掌握的人,可以任用他。不能了解、掌握的人,有谋略的人是不会任用他的。做事最重要的在于控制人,而绝对不可以被别人控制。能控制住他人,就掌握了主动权。被别人控制,命运就掌握在别人手中。

圣人用谋隐而不露,愚蠢的人用谋显而易见,聪明人做事比较容易,愚蠢的人猜疑忌恨,做起事来比较困难。由此可看来,那些要灭亡的事物是不可以挽回而让它继续存在的,危难局势也无法使它转危为安,只有智慧才是最高明的,智慧的人能知道一般人不知道的事,能发现一般人不能发现的问题。

 鬼谷子

既然这样，根据情况，能够成功，就选择一些事自己做，为自己打算；如果认为不行，也选取一些事情做，这就是为别人着想。

古代圣明帝王做事的方法隐而不露。常言道：天地变化，在于高深莫测。圣人处世治道的诀窍，在于隐晦不露，并不单纯讲求忠、信、仁、义，只要所用是为了正道即可。能够明白这种道理的真义，就可以和他谈论这些事情，如果能得到此道，就可以探讨天下的大道理。

【感悟】

做事贵在掌握主动权，掌握主动权就能控制别人，不掌握主动权就受制于人；谋事贵在秘而不露而不被人所知，这样事性成功的可能性就大。

【故事】

一、黄帝施计平天下

在四千多年以前，中华民族的祖先生活在氏族公社时代。氏族公社不断扩大或者通过和其他公社合并，慢慢地就形成为部落，几个部落又联合起来，成为部

第十章 谋篇

落联盟,部落联盟也可以叫做部族。黄帝是我国古代黄河流域一个很有名的部落联盟的首领。他是我国历史上第一个比较能干的君主,也是中华民族的共同祖先。

据说黄帝姓公孙,也有人说他姓姬,名叫轩辕,也叫有熊氏。在黄帝部族开始种植五谷、驯养家畜、打造船车兵器、造字记事,开始过上文明生活的时候,中国的土地上还存在着许多其他部族。黄河流域的西北方有一个部族,首领是姓姜的炎帝。炎帝部族看到黄河中游一带的土地肥沃,他们就逐渐向东南迁徙,于是就和已经住在黄河中游的九黎部族发生了冲突。两个部族斗争的结果,炎帝部族被打败了。炎帝不得不带着他的族人,逃到黄帝部族居住的地盘上来,又和黄帝部族在阪泉(在今河北省涿鹿县东南)发生激战,经过几次角逐后,黄帝打败了炎帝。炎帝服输,同意把两个部族合并,由黄帝担任合并后的部族首领,炎帝担任副首领。这个炎黄部族就是中华民族雏形。后来,中国人常称自己是炎黄子孙。

炎黄二族合并以后,炎帝要求黄帝帮他洗雪当初被九黎部族战败的耻辱。九黎部族正向东南迁徙,从而威

胁炎黄部族的安全。九黎部族的首领蚩尤因为打败过炎帝，所以十分骄傲，不把炎黄部族放在眼里。

黄帝摄政时，蚩尤有兄弟八十一人，个个都是人头兽身，铜头铁额，有8条胳膊，9个脚趾，脸上有各种颜色的花纹，能吃沙子石块。他们制造兵器、刀戟、弓箭，从而威震天下。并且多行诛杀而惨无人道，不讲仁慈。天下万民想推举黄帝为君主，可黄帝无法以仁义道德规范蚩尤，于是黄帝仰天长叹，一点办法也没有。天神派玄女授给黄帝兵书神符，制伏了蚩尤。黄帝令蚩尤镇守八方。后来蚩尤死了，天下又混乱起来，黄帝用蚩尤的画像威镇天下，天下人都以为蚩尤没有死，这样八方的部族都臣服了。

二、茅焦解衣服刑

战国末期，秦国国相吕不韦手下有一个舍人，叫嫪毐，受到秦始皇母亲的宠爱，与之私通，生了两个儿子。嫪毐被封为长信侯。他骄横跋扈，专断国事。他经常与皇上的宠臣一起赌酒作乐，大耍酒疯，和别人争吵、争斗。有一次，他大骂别人说："我是皇帝的继父，

第十章 谋篇

你这个穷小子,怎么敢与我作对!"被骂的人跑去报告了秦始皇,秦始皇大怒。长信侯害怕被秦始皇杀死,就发动叛乱,围攻咸阳宫。失败后,秦始皇下令车裂了他。同时秦始皇又将自己的两个幼弟装在口袋中摔死,将皇太后迁徙到萯阳宫(行宫),下令说:"谁敢拿皇太后的事来劝谏我,就把他乱刀砍死,将棘刺扎在他的脊背和四肢上,把尸体堆积在城门之下。"后来有二十七人向秦始皇进谏,他们全都被处死了。

当时,有一个人叫茅焦,是齐人,要求劝谏秦始皇。秦始皇派使者对他说:"你没有看见城门下堆积的尸体吗?"茅焦回答说:"我听说,天上有二十八星宿,现在死去的人已经有二十七个了,我这次来,就是为了凑够二十八这个数。"京城中和茅焦一起吃住的同乡,全都背上自己的衣物逃走了。使者入宫禀报了秦始皇,秦始皇恼怒说:"这个家伙故意来违抗我的禁令,赶快烧起鼎锅用开水煮死他!看他怎么能在城门之下去充数?马上召他入宫!"秦皇按剑而坐,气得火冒三丈。

茅焦到了秦始皇面前,拜了两拜,起身致辞说:我听说:"长寿的人不忌讳死亡,拥有国家的人不忌讳败

亡。忌讳死亡的人不会因此活着，忌讳败亡的人不会因此而保全。死生存亡的道理，是圣明的君主都渴盼知道的，不知陛下是否想知道这些道理？"秦始皇说："你说这话是什么意思？"茅焦回答说："陛下有狂乱悖理的行为，您自己不知道吗？"秦始皇说："你指的是什么？我想听听。"茅焦说："陛下车裂继父，有嫉妒之心；用口袋摔死两个弟弟，有不仁之名；将母亲赶走，有不孝之为；把棘刺扎在进谏的人的身上，有夏桀殷纣一样的暴政。这一切全国上下都知道，人心涣散，没有人再拥护朝廷。我担心秦国将亡，很是替陛下担忧。我的话全都说完了，让我就刑吧。"于是，茅焦解开自己的衣服，伏卧在刑具上。很是替秦始皇走下殿来，左手拉起他，右手挥退左右的人，说："赦免他！请先生穿起衣服，从今天起我愿意向先生请教。"于是秦始皇立茅焦为仲父，封以上卿的爵位。秦始皇立即带领千乘万骑，空着辇车左方的尊贵位置，赶到萯阳宫，亲自把皇太后接到咸阳。皇太后大喜过望，大办酒宴款待茅焦。敬酒时，皇太后说："违抗错误的旨令而使之得到纠正，让败坏的事情重新得到成功，使秦国的政权得到安定，使我们母子团聚，全是茅君的功劳啊！"

第十章 谋篇

三、齐姜扮装救国

春秋时期,在五凤山南麓有一座桥,桥南是鲁国地段,桥北是齐国边界,故人们叫它"接境桥"。桥南的子鲁与桥北的齐姜,从小相爱,两家的老人为他们定了婚约。谁知正当两家准备办喜事的时候,齐鲁两国在边界上发生了战争,子鲁的父亲被齐兵杀死,齐姜的母亲死于鲁国兵乱之手。结果喜事没办成,丧事却临门。子鲁对齐姜说:"杀父之仇,不共戴天,我一定助鲁伐齐,让先人瞑目九泉!"齐姜却反对说:"目前楚国正虎视眈眈,伺机吞并齐鲁。如果两国互相残杀,强楚乘机侵犯,齐、鲁就危险了。父母之邦不保,你我又有何面目见先人于地下?"这话子鲁哪能听的进去?一跺脚说:"我誓要灭齐!"齐姜也一抛衣袖说"我定要保齐!"两人针尖对麦芒,各不相让。最后,他们便只好分道扬镳,各走各的路了。

几年后,子鲁成了鲁国的将军。他向鲁侯献《伐齐十策》,其中《易地利》篇的大意是:齐国南部东有掩中,马陉为咽喉要塞,西有西长峪道,徐关处其要冲。

东西两道易守难攻,鲁国若夺取马陉、徐关,则占有地利,灭齐指日可待。鲁侯看后很高兴,但却又担心自己兵力不足,怕吃败仗,正在犹豫,有人献计求楚国出兵援助。子鲁没有忘记齐姜的话,便坚决反对说:"楚将反复无常。齐败则渔其利,齐胜则倒戈犯鲁,此仍引狼入室之策,明公断不可为"。亲楚的一些大夫却说:"齐地离鲁国近,离楚国远灭齐后利鲁百不利楚。况且我以仁义待楚,楚国哪有倒戈犯鲁的道理。"鲁侯是个没有主心骨的人,便决定向楚国求援。楚王让司马子期进兵穆陵,以奔取弓中马陉邑等城。鲁侯命子鲁为奖,公输子为副将,进兵西长峪道,以奔取徐关。

齐侯听到这消息后,十分惊慌。便立即派人去请隐居深山的孙武子,研究对策。结果,孙武因年迈体弱,没有来,却打发他的孙儿子齐连夜奔赴临淄城。齐侯见子齐才二十多岁,是个文弱书生,想试探一下他的才干,便问这问那。谁知子齐学识渊博,对答如流,齐侯非常敬佩。最后谈到退兵之计时,子齐说:"楚国司马子期,性虽贪而多疑,去虽壮而多变,明公只要在合中广设疑兵,量子期不敢孤军深入险地。鲁将子鲁,虽智勇双全,但内刚外柔,需用缓兵之计,以挫其志。为防

第十章 谋篇

万一,明公一面派舌辩之士,游说吴国,出兵伐楚;一面遣精锐兵将,驻军防门,随时进兵鲁国都城。这两计如能实现,楚、鲁两国兵马,便不打自退了。"齐侯大喜,如计而行并拜子齐为司马,驻守徐关。

子鲁带领兵马来到五凤山后,一直没查访到齐姜的下落。正要进兵时,却接到齐国徐关守将子齐的书信。信的大意是!楚兵屯扎穆陵,之所以迟迟不进军中,是因为正在窥察齐,鲁交战的结果;齐败则攻齐,鲁败则攻鲁;齐鲁均败大伤元气,则两败并取之。此情为将者不可不察。为减少两国伤亡,齐国在黑山筑一石城,鲁国在十天内攻占此城,齐则割让徐关。不然鲁则退兵。信的最后说:"齐鲁的兄弟之帮,两国息兵和好,是万民之福,切不可以家仇而误国事,请将军详察",云云。这封信正刺中子鲁的心病,他与公输子一商量,认为十天之内攻占这座小小的石城,是易如反掌的事,便满口答应了这一约定。

谁知,攻城的第一天,鲁军便大伤了士气。原来守卫石城的人都没有一兵一卒,全是齐、鲁边界的老百姓,又都是六、七十岁的老头子、老奶奶和抱着孩子的妇女。鲁国的兵将有很大一部分是这一带的人,

鬼谷子

见到城头上的人都是自己的父老乡亲,哪还有心攻打,却互相问寒问暖起来。就连子鲁将军,也瞪圆两只大眼,看城上有没有齐姜。公输子见这情景,十分脑火,便命兵将弯弓射箭。只听嗖嗖、乓乓一阵响,连一只箭也没射到城头。全落在城下的石头上.当子鲁从惊呆中清醒过来的时候,气得怒目圆睁,咬牙切齿地说:"子齐呀子齐,我误中了你的奸计。有朝一日你若落入我手,非抽你筋,扒你皮,方解心头之恨!"说罢,便下令暂停攻城。

第二天,公输子准备用云梯攻城。子鲁下令说:"只准攻占石城,不准伤害老百姓。违命者斩!"谁知云梯刚靠近城墙,城头上的人便又浇油,又投放火把,只一会功夫,就把云梯烧塌了架,急得个公输子团团转。

第三天,子鲁集中兵力,抢占了石城周围的险要地势,将石城围得水泄不通。他想把城上的老百姓饿得无力反抗时,再用云梯攻占城头。谁知这一着又是"瞎子点灯－白费蜡。一连五天过去了,城上的人不但吃得饱,喝得足,还一个劲地给围城的士兵投送鸡鸭鱼肉呢?城上城下的人,说说笑笑,比一家人还红火,哪里

第十章 谋篇

还有半点打仗的味道。

十天的期限还有三天，子鲁、公输子研究后决定，让士兵连夜挖掘通往城头的道路。攻城的第十天地道挖通了，士兵们才钻入地道不久，只见洞口浓烟滚滚，已钻入地道的士兵连滚带爬地出来，个个被熏得全身乌黑，眼泪、鼻涕一把把地往外流，只呛得上气不接下气，打起喷嚏来没个完。

正在这时，探马飞报：楚国司马子期，因听说孙武子派将守齐，便吓得惊魂丧胆，立即回兵，进剿鲁国都城。子鲁这一惊非同小可，捶胸痛哭道："鲁国危矣！"正要火速退兵，以解国都之危，徐关却来了书信。写道：齐国司马拜上鲁国大将军麾下：鲁国都城之危，吾自有计可解，楚兵指日可破。前约十日之限，只余半日，请将军善自为之。这时又有探马来报：齐国驻守防门精兵，奉齐国司马子齐将令，已进兵楚营，解鲁国都城之危。几天后又传来消息：吴王听齐国派去的人游说后，进兵伐楚。楚司马子期闻讯大惊，便带领残兵败将狼狈反回楚国。这时的子鲁，对子齐既敬佩，又感激。

齐侯车骑闯入徐关，怒责子齐道："鲁国勾结楚国犯齐，祸由自取。齐国不乘机侵犯鲁国，已经是够宽仁

的了，子齐又为何破楚救鲁?!"子齐说："鲁弱齐强，故对齐国威胁最大的，不是鲁国，而是楚国。楚不敢犯齐原因之一，就是在地理上鲁为齐之屏障。鲁若之，齐将孤身受敌，'唇寒齿亡'就是这个道理。我发兵救鲁，实为救我们自己的国家"。齐侯听后，转怒为喜。子齐又献策说："当今实局，瞬息万变。从长远计，明公何不西起防门，东至琅琊台，沿山麓筑一长城，以固国防，此乃保国之百年大计。"齐侯大惊为喜，双手抓住子齐的胳膊说："天赐子齐与寡人，乃齐国之大富！"谁知这时子齐却面红耳赤，急忙摆脱开齐侯的双手，退出帅堂。

不久，齐、鲁两国君臣会盟于石城。鲁侯、子鲁要拜会齐国司马子齐将军，齐侯大笑说："他怕子鲁将军抽筋扒皮，吓得藏起来了，哪还敢出头露面呢！"说得子鲁羞愧难当，深深低下了头。齐侯见他那个样子，又好气，又好笑，便面向女乐队喊道："子齐快来拜见鲁国君臣。"这时，有一个青年女子，从人群中翩翩走来。子鲁抬头一看，她不是别人，正是自己日夜思念着的齐姜！原来，齐姜是孙武子的孙女，奉祖父之命，女扮男装，化名子齐，来救护齐国的。

第十章 谋篇

齐、鲁两国君臣，在石城为子鲁、齐姜举办了隆重的婚礼，两国并在这里进行了亮兵仪式，以示和好。从此，人们便把这座后来联结齐长城的石城，命名为"齐长城亮兵台"。

四、李牧计战匈奴

李牧，是赵国北部边防的著名将领，常年驻守在代郡、雁门郡，防备匈奴的侵扰。他经常因时因地设置官吏，把收来的货物税款存放在幕府中，作为士兵的军饷。他每天都要杀几条牛犒劳兵士，教兵士们骑马射箭，小心地把守烽火台，多派探子四处打探敌情，优待前线的战士。他制定了一个规章："发现匈奴兵前来袭击，要立刻退回营区自保；有胆敢擅自离营捕虏敌人的，处以斩刑。"所以匈奴每次入侵，严密的警报系统马上发出警报，士兵们立即退回营区，不敢出战迎敌。这样过了几年，并没有大的人员伤亡和财物损失。匈奴认为李牧怯懦，连赵国的边防士卒也承认："我们的将军胆子小"了。赵王责备李牧，李牧依然如故，作风不改。赵王生气地召他回内地，另外指派他人代为防守

鬼谷子

边境。

一年多以后,匈奴每次来侵犯,新将领就领兵出战。每次出战,多是失利,伤亡损失惨重,边境地区再也不能耕种、放牧。于是赵王又去请李牧。李牧闭门不出,坚持说自己有病。赵王就强迫他出来,派他去统率军队。李牧说:"大王如果"定要我再去防边,就必须让我像以前那样做,我才敢从命。"赵王答应了他。

李牧回到边境,法令一如从前。在这以后的几年,匈奴一无所获,但是他们仍然认为李牧胆怯。守边的士兵经常受犒赏而不用打仗,都希望与匈奴打一仗。于是,李收就准备了经过挑选的兵车一千三百辆,精选出坐骑一万三千匹,另外选出五万名骁勇善战的士兵和十万名优秀射手。对这些全部加以整编,布列战阵让他们演习作战。同时,李牧还大力组织放牧,使山满遍野都有放牧的百姓。匈奴先派小股部队人侵,李牧假装败走,任匈奴活捉去好几千人。单于听到这个消息,就率领大军前来侵扰。李牧布下了许多变动灵活的战阵,部署了两支奇兵,左右包抄,大破匈奴军队,杀死十多万骑兵,消灭了檐褴国,攻破了东胡,并迫使林胡投降。

第十章 谋篇

单于仓皇逃跑。从此之后的十几年中,匈奴再也不敢靠近赵国的边城。

五、诈死计

东汉末年,曹操举兵东进,在濮阳遭遇吕布率领的董卓大军。两军大战一场,曹军被杀得大败,曹操自己也险些丢了性命。好不容易逃脱了吕布的追击,曹操身负轻伤回到营帐中,对诸将说:"今天中了吕布的诡计,此仇非报不可。"

到了晚上,从曹操的军营中传出曹操被火烧伤,并且伤势十分严重的消息。半夜,军营中又闻丧鼓声,随后便传出曹操因伤而死去的消息。得胜回城的吕布得知曹操的死讯,决定乘胜追击,一举荡平曹营。

他亲自带领大批人马直奔曹营,经过马陵道时,忽听杀声震天,伏兵突然出现,将他们团团围住,吕布大惊失色,心知中了曹操的诈死计。他率军仓促应战,左奔右突,得亏他武功盖世,才好不容易杀出一条血路,败回濮阳城中,他的人马早已死的死,降的降,不足半数了。曹操用诈死之计,报了一箭之仇。

鬼谷子

六、弹冠相庆

"弹冠相庆"比喻作好即将做官的准备或准备上台做官而互相庆贺。

此典出自《汉书·王吉传》:"王阳在位,贡公弹冠。"

汉朝王吉和贡禹是一对好朋友两个从小好学,通晓五经,学识渊博,为人廉洁。由于他们爱好、抱负相同,所以关系特别亲密。正因为如此,在当时的人们眼中是,"王阳在位,贡公弹冠。"(意思是:王阳做了官,贡禹就会弹去帽子上的灰尘,准备去做官。)后来,王吉、贡禹都当了官。汉宣帝时,王吉为博士谏议大夫,因他对宣帝的宫室陈设、车服装备太盛,觉得不合适,就上书劝谏,被宣帝认为是迂阔,因此没有得到宣帝信任。王吉心中闷郁,就称病辞官归家。与此同时,贡禹也有类似的遭遇,他做河南令也被罢了官。由于他们为官比较廉正,汉元帝刚继位就派使臣去征召他们。二人被召之后,做事勤勤恳恳,忠心耿耿,都得到元帝的信任。

七、金城汤池

"金城汤池"有时也写作"固若金汤",比喻城防坚固,极难攻入。

此典出自《汉书·蒯通传》:"先下君而君不利(之),则边地之城皆将相告曰:"范阳令先降而身死",必将婴城固守,皆为金城汤池,不可攻也。"

秦末,陈胜领导的农民起义军打下阵县(今河南淮阳)后,派一个叫武臣的人当将军,带三千士兵渡过黄河,攻打河北各地。武臣一过黄河,就开始攻打城池,招兵买马,使起义军的力量迅速扩大。但也有很多城池防守严密,守城者据城固守。东郡范阳是起义军攻打的下一个目标。范阳令徐公非常害怕,命令士兵日夜,加强守备。有个叫蒯通的人来见徐公,请求徐公派他去见武臣,以免城破人亡。于是徐公就派蒯通去见武臣。他见了武臣后说:"你知道范阳令徐公为什么不肯投降吗?他怕即使投降了也被你杀掉。如果你真的把已投降的徐公杀了,那么其他各城池的守将就会互相转告说:'反正投降也是死,还不如据城固守。'一旦这样,那些城

鬼谷子

池就可能像金城汤池（金属铸造的城郭，滚烫的护城河）一样坚固，再攻打就难了。如果你能优待徐公，其他城池的守将定会纷纷投降。"武臣接受了蒯通的建议，优待了范阳令徐公。其他城的守将看到这种情形，果然纷纷都投降了，武臣轻而易举地，就得到了三十多座城池。

八、厉兵秣马

"厉兵秣马"意思是说磨快兵器，喂饱马，比喻做好充分的战斗准备。

此典出自《左传·僖公三十三年》："郑穆公使视客馆，则束载厉兵秣马矣。"

春秋时期，秦国称霸西戎，并觊觎东方领土很长时间了。公元前628年，驻在郑国的秦将杞子，暗中派人报告秦国国君秦穆公："我现在掌握郑都北门的钥匙，可速派军队偷袭郑国国都。"

秦穆公欢喜异常，不顾大夫蹇叔的劝阻，派遣孟明视、西气术和白乙丙三人，统率大军前去偷袭。

秦国与郑国相隔千里，秦军好不容易才来到离郑国不远的滑国。恰巧郑国商人弦高赶着一群牛来到这里。他担心自己的国家还不知道偷袭的秦军已经到了大门口,心急如焚。为了保卫自己的国家,弦高一面派人火速回国送信,一面又假扮成郑国的使者,把牛送给秦军。他对秦将说:"我们的国君早已知道贵军远道而来,特命我先送上皮革四张、肥牛一批,犒劳秦军将士。"秦将孟明视以为郑国已经做好迎战准备,不敢继续进兵。

在郑国的秦将杞子,觉得秦军快到了,就命令驻守官兵积极准备。他们整理好行装,喂饱战马,把兵器磨得异常锋利。

郑国接到弦高密报,立即做好迎敌准备。同时派人监视杞子的活动。杞子见势不妙,带着随从慌忙逃跑了。

秦将孟明视眼看偷袭不成,成功无望,只好败兴而归。当他们退兵时,遭到晋军的伏击,全军覆没,三个将领都成了俘虏。

九、过五关,斩六将

东汉末年,朝政腐败,英豪蜂拥而起。关羽、张飞、刘备桃园三结义后,在一次战役中三人失散。曹操

十分喜爱关羽的德才,欲收入帐下。关羽为了刘备二位夫人的安全,同时感念曹操对他的恩德,暂时为曹操效力,在一次战役中替曹操斩了敌将颜良、文丑。后来,关羽得悉刘备兵败后投在河北袁绍处,立即写信辞别曹操,从河南许昌出发,护送刘备的二位夫人去寻找刘备。由于关羽没有丞相曹操的文凭,沿途守关将领阻截关羽。关羽英武异常,斩将夺关而过。

第一关,东岭关,把关将领孔秀带领五百名军兵在岭上把守,两马相交,只一合,关羽钢刀起处,孔秀横尸马下。

第二关,洛阳关,洛阳太守韩福先命牙将孟坦出马,孟坦抡双刀来打关羽。孟坦只指望引诱关羽,拨回马便走。不想关羽马快,早已赶上,拦腰一刀把孟坦砍为两段。韩福闪在门首,尽力放了一箭,正射中关羽左臂。关羽用口拔出箭,血流不止,飞马直奔韩福,韩福慌忙逃走,关羽手起刀落,带头连肩,把韩福斩于马下。

第三关,沂水关,把关将领卞喜设下埋伏,要杀关羽。左右伏兵刚要动手,都被关羽拔剑砍掉。卞喜下堂绕廊而走,关羽弃剑执大刀来赶。卞喜暗取飞锤掷打关

第十章 谋篇

羽。关羽用刀隔开锤,追上去,一刀把卞喜劈为两段。

第四关,荥阳关,荥阳太守王植与韩福是两亲家。王植设下诡计,要烧死关羽。关羽得知王植的阴谋,提前出关,王植赶来,大叫:"关某休走!"关羽勒马,大骂:"匹夫,我与你无仇,如何令人放火烧我?"王植拍马挺枪,直奔关羽,被关羽拦腰一刀,砍为两段。

第五关,滑州关黄河渡口的守将秦琪,纵马提刀,直取关羽。二马相交,只一合,关羽刀起,秦琪头落。

关羽请二位嫂嫂上船渡河。渡过黄河,便是袁绍的地界了。在曹操管辖的地界内,关羽冲破了五道关口,一共斩杀了六员将领。

一〇、以敌制敌

三国后期,魏国司马昭大权独揽,凌驾于魏帝之上,征东大将军诸葛诞对此深为不满,司马昭派大军将他围困于寿春城。孙权闻讯,即令文钦、全怿和朱异等将领率部前去解围。结果朱异出师不利,未到寿春便被司马昭歼灭,只有文钦和全怿二将到了寿春城。司马昭见诸葛诞的援兵已到,硬攻寿春恐难得手,便决计以敌

制敌、慢慢消耗、离间敌人。

司马昭首先大造谣言，说诸葛诞的援兵已到，而魏军粮草即将用尽，恐怕难以持久了。他派了一批老弱官兵到淮北一带筹集粮草，造成一种补给将尽的假象。诸葛诞得知后大喜，开始大吃大喝，数天过去了，援兵还未到，倒是寿春城中的粮食一下子紧张了起来。诸葛诞手下的偏将蒋班和焦彝主张同魏军速战速决，而文钦极力反对，同蒋班和焦彝激烈地争吵起来，诸葛诞大怒，想杀掉蒋、焦二将，二人吓得逃出城外，投奔了司马昭。

全怿的侄儿全辉、全仪，因为家庭纠纷，带着母亲从建业跑到司马昭军中，司马昭采纳了钟会的计谋，编造了一封全辉、全仪写给全怿的信，派人送到城内全怿的手中。信中说孙权因未夺取寿春而十分恼怒，要杀尽全怿在建业的家眷。全怿十分害怕，便率部出城投降了司马昭。

寿春城内，诸葛诞与文钦的磨擦也越来越厉害，最后两人火并起来，文钦被杀，他的两个儿子文鸯、文虎出城投降。司马昭派几百名精骑保护着他们环城巡视，借以告诉城内官兵：文钦的儿子我们都不杀，何况别人

第十章 谋篇

呢。守城官兵见后，更无心恋战，军心动摇，士气低落。司马昭认为时机已成熟，便指挥大军大举攻城，消灭了诸葛诞，占领了寿春城。

一一、帝不果觞

这则典故讽喻清廷官僚机构的极度臃肿重叠，连杯酒都赐不成，由此可知，做一件正事，该是多么难了。如此腐败政体，不"更法"、"改图"如何得了？这是作者对清朝末年"衰世"极其辛辣和尖刻的批判和揭露。

此典出自《龚定安全集》："帝默然而息，不果觞。"

天上的神仙都来朝拜天帝。

天帝命令说："赐给他们酒喝！"

天帝的司觞大臣便拿了简记去登记每个神仙的姓名，但是登记了三千年也没登记完。

天帝问是什么原因。司觞大臣报告说："各位神仙都带着抬轿的轿夫。"

天帝默默地叹了一口气，没有赐给他们酒喝。

鬼谷子

一二、蛤蟆夜哭

这个故事告诉我们：横加罪名，株连无辜，这正是封建专制政治的一个重要侧面。

此典出自《艾子杂说》："艾子浮于海，夜泊岛峙。中夜闻水下有人哭声，复若人言，遂听之。其言曰：'昨日龙王有令，应水族有尾者斩。吾鼍也，故惧诛而哭。汝蛤蟆无尾，何哭？'复闻有言曰'吾今幸无尾，但恐更理会蝌蚪时事也。'"

这段意思是说：艾子在海上航行，晚上停泊在一个岛屿的附近。半夜时分，听到水底下好像有人在哭泣，又像是有人在说话，他就认真地听了下去，一个声音说："昨天龙王下了命令，水中的动物，凡是有尾巴的都必须斩首。我是鼍，有尾巴，因而害怕被杀死，便哭了起来，你是蛤蟆，没有尾巴，为什么也在哭？"又听到一个声音说："我现在虽然没有尾巴；但是我害怕会追究到我蝌蚪时代的事上去，因为那时我也是有尾巴的。"

第十章　谋篇

一三、柳营试马

"柳营试马"形容军营纪律严明,也泛指军营。

此典出自《史记·绛侯周勃世家》。

刘邦的老朋友周勃的儿子周亚夫,承其父荫,封为条侯,担任河内太守。

刘邦死后,起初所封子侄还算老实,君臣之间相安无事。后来为王权与皇权之争,渐渐地出现诸侯国王反抗中央政权的迹象。

吴王濞是刘邦的二哥刘仲的儿子,初封浦侯,追随叔父以骑将纵横在淮南,打败英布,那时他才二十岁。后来天下大定,高帝把刘濞封为吴王,割出三个郡五十三个城,作为吴国属地。

吴国离汉帝国的辖地较远,汉文帝在位二十三年,是最安定的一段时期,因为汉帝国吴王国当时都忙于生产建设,吴王濞四十年的经营,使吴国成为一等强国,他开山取铜,煮海为盐,使府库日渐充实,就对中央政权不肯服帖了。文帝在位,与吴王濞还算是平辈,到了景帝,吴王已是大伯身份了。对这个侄儿皇帝,越来越

不恭顺。汉帝国碰也不能碰他,但不碰也要出毛病,这就是晁错所说:"削之亦反,不削亦反。"

吴王濞看到楚、赵、胶西这几个国,都在晁错的削藩政策下,眼看着削地政策就要轮到他的头上,于是他就联合楚、齐、济、北、胶西、胶东、胶南、济东、济南、淄川,以及赵国,来个九国联军,以"诛汉贼晁错"为名向长安进兵。

汉景帝得报后,想协商解决,就听了袁盎的话,杀了晁错,以谢吴王。谁知晁错虽然被杀掉,吴王仍不止兵,因为他最后的目的是要夺得皇位。

这时景帝才后悔杀了晁错,即拜条侯周亚夫为太尉,率领三十六员将军迎击吴楚联军。

周亚夫的战略是不打硬仗,用坚壁的方法,以守代攻。他把兵驻屯在昌邑(今山东金乡),在柳树茂密的地方扎营,每天在这里操练兵马。

汉景帝率领官员慰问周亚夫的军队。路过霸上和棘门的军营,发现这两个军营的纪律松弛,皇帝的车队畅通无阻。到了周亚夫的军营,士兵们都是身穿铠甲,手持兵刃,弓箭袋装满箭,军队威武严明。汉景帝的先驱部队来到营门,对守门的士兵说:"天子就要来了!"守门的士兵说:

第十章 谋篇

"将军有令,在军营中只听从将军的命令,而不需听从天子的诏书。"先驱部队没有办法,汉景帝来到营门,也没有办法进入军营。于是汉景帝派遣使节持节进入军营,告诉周亚夫说:"皇帝要来慰劳军队。"周亚夫才命令打开营门。汉景帝的车队正要在军营中奔驰,守门的士兵高声喊道:"将军有命令,军营中不得驾车奔驰。"于是,汉景帝的车队只能慢慢地前进。到了周亚夫的营帐内,周亚夫以军礼相见。看到威武严明的军队,汉景帝非常高兴。出了军营以后,汉景帝的随从都惊出一身冷汗,汉景帝说:"周亚夫是一个真正的军人。霸上、棘门的军队简直是儿戏。"

吴王濞的军队要攻长安,必经梁国,梁王刘武是倾向中央政权的,阻住吴王去路,吴王就攻打梁王。梁王几次请周亚夫发兵援救,周亚夫都不答应,急得梁王派使者到景帝面前告周亚夫的状。景帝下诏,要亚夫速援梁国,亚夫不奉诏,坚守不出,暗中却派兵断了吴楚的后路,把粮道断绝。

吴王濞在梁地消耗的军力非常大,率军与周亚夫对阵,周亚夫依然是坚守不战。吴楚军的粮食耗尽了,不战自溃,吴王知事不能再这样下去了。就下令退兵。此时周亚夫才出兵突击,仅仅一仗,吴楚军就彻底垮了。

 鬼谷子

一四、人鬼可畏

后人用"人鬼可畏"说明有时人要比恶鬼更加厉害。此典出自《阅微草堂笔记》。

（朱青雷说：）有一个躲避仇家的人藏在深山里，有天晚上正是月色洁白秋风清爽，他忽然看见一个鬼徘徊在白杨树下，便趴在地上不敢起身。

那鬼忽然看见了他，喊道："你为什么不出来呀？"

他浑身战栗着回答说："我害怕您啊！"

鬼说："天下最可怕的莫如人鬼。你怕什么呢？逼迫您逃到这里来的，是人啊？还是鬼啊？"说完，那个鬼微微一笑就消失了。

一五、人面桃花

"人面桃花"的意思是说：虽然景物和过去一样，可是人与事已经有很大的变迁了。也可以比喻女子貌美或者花卉艳丽。

此典出自《本事经·情感》："去年今日此门中，

第十章 谋篇

人面桃花相映红。人面只今何处去?桃花依旧笑春风!"

唐朝时有一个读书人,名叫崔护,他的性情乖僻,独自一人生活着。有一天,恰巧是清明节日,他独自到城南游玩,看见那里有一间小屋,四面都有桃花围绕着,他觉得那间小屋很不错;更想知道那屋子里住的是什么人,便以口渴为借口去敲门。但是,事情出乎他的意料之外,出来开门的竟然是一个艳丽绝伦的女子,并且很殷勤地招呼他。这次的奇遇,令他此后时刻记在心上。等到第二年的清明节日,他又想去见见那个女子,便寻着前次的旧路去找她。可是,当他到达目的地时,看见那小屋的门紧锁着,屋内空空如也。那时,他失望极了,便在那小屋的左门上,写上了一首诗,那首诗是这样的:"去年今日此门中,人面桃花相映红;人面不知何处去?桃花依旧笑春风!"

一六、太宗传位

太祖建隆二年(公元961年),太祖的母亲昭宪杜太后生了病,太祖亲自服侍母亲,不离左右。病危时,太后召宰相赵普进宫接受遗命。太后问太祖说:"你知

鬼谷子

道赵家为什么得了天下吗?"太祖泣不成声,不能回答。太后坚持要他回答,太祖说:"我之所以得了天下,都是祖宗和太后的功德。"太后说:"不是这样的。赵家之所以得到天下,就是因为(后)周世宗(柴荣)让幼儿(恭帝柴宗训)君临天下,你才有机会黄袍加身,夺得周世宗的天下。如果周世宗有一个年长的人继承皇位,你怎么会夺得天下呢?所以,你去世之前,一定要决定把帝位传给你的弟弟赵炅(太宗)。"太祖顿首再拜,接受太后的遗命。太后对赵普说:"你也要牢记我的话,不可违背。"并要求赵普在病榻之前写下约誓书,赵普在纸尾写上"臣普书"三个字,并把这份约誓书藏在金柜里,命令谨慎认真地宫人好好保管着。有人传言道,昭宪杜太后和太祖的本意是,太宗要把帝位传给魏王廷美,魏王廷美再把帝位传给太祖的二儿子燕懿王(赵)德昭。所以太宗即位后,就命令魏王廷美任开封府尹,德昭实称皇子。太平兴国元年(公元976年),德昭跟着太宗出征幽州。一天夜里,军中突然出现惊扰,不知道太宗在什么地方,有人谋划策立德昭为皇帝,太宗听了很不高兴。后来,因为又产生了一些误解,德昭自杀了。太宗闻讯,抱着德昭的尸体痛哭不已。德昭死后不久,德芳(太祖的第四个儿子)也死了,魏王廷美开始感到恐慌。不久,大臣柴禹锡等人上告廷美阴谋篡位,太宗召来赵普讯问,赵普回答说:"我要叫朝廷的机要部门做好准备,以察奸变。"退下之后,赵普又秘密启奏太宗说:"我身为老臣,却有愧于自己的职责,受到权臣的攻击。"于是,他向太宗谈了昭宪杜太后的遗命和先帝太祖说过的话。太宗在宫中找到赵普先前所上的奏章,并打开金柜得到那份约誓书,立即明白了事情的真相。太宗召来赵普,对他说:"谁没有过错呢,我不到五十岁,可是已经认识到前四十九年自己全做错了。"太宗任赵普为司徒兼侍中。

有一天,太宗同赵普商量:应该把帝位传给谁呢?赵普说:"太祖已经犯了错误,难道陛下还要重蹈覆辙吗?"于是,太宗没有把帝位传给弟弟魏王廷美,而是把它传给了自己的第三个儿子赵恒(宋真宗)。

一七、明神宗长子封王

顾宪成擢升吏部考功主事,又历官员外郎。恰逢明神宗下诏将皇长子(朱常洛,恭妃所出)、皇三子(朱

鬼谷子

常询，皇贵妃郑氏所出）、皇五子（朱常浩）一并封王。顾宪成遂和同僚一道上疏进谏说：

"皇上沿袭《祖训》立嫡的条例，准备暂时令三位皇子一并封王，借以待日后有嫡子则立嫡子为太子，若无嫡子，则立长子为太子。我们作巨子的考虑，'待'这个字，有大不可的地方。太子是国家根本。之所以预立太子，正是要稳定国本。因此有嫡子则立嫡子，无嫡子就应立长子。就目下情形而论，皇后无嗣，就应'无嫡立长，'如果还要'待'将来，就不对了。我大明朝建立皇储，家法世承，就是太子不必待有嫡子，而皇长子与其他皇子不并封王爵。这些廷臣已经详加论议，无奈皇上一概不加审察，难道皇上的创见比圣明的列祖列宗还高一筹吗？抚有天下的人称天子，天子的长子称太子。天子承继于天，故与天为一体；太子承继于父，故与父为一体。主持祭天，承继帝位，于是为太子，而不得封王爵。如今要同时封三王，皇长子的封号究竟如何确定才好呢？不确定吧，就难以称其名；确定吧，就会名不副实。

皇上以为并封三王不过是权宜之计而已。所谓权宜，乃是不得已而实行之。皇长子定为太子，其他皇子

第十章 谋篇

列为藩王,如此,在道理上讲得通,在名分上也相称,在人情上还可以相安,有什么不得已而必定要并封三王呢?如果皇长子与其他皇子比肩而立,势力均等,势必导致皇子恃宠相逼。皇上若以《祖训》为法,坚持不变,后世子孙也会以皇上为法,坚持不变。皇上今天若轻易改变祖训,自创新例,难道后世不以此为由任意变更祖训吗?自今以后,如果都有嫡子固然清事顺利,一旦没有嫡子,恐怕也就不会有太子了。如果后世皇帝都象皇上这样英明固然诸事顺利,否则,凡为皇子都有定为太子的可能。这样一来,不是开了万世祸乱的先例吗?皇后与皇上共同承继宗嗣,自然期望从嗣子中得到承桃之人。皇上的长子及其他儿子,就是皇后的长子及其他儿子,恭妃虽诞育皇长子、皇贵妃虽诞育皇三子,但都不得据为己有,而统通应归于尊为国母的皇后。难道一定如大学士王锡爵所建议的那样,必须拜皇后为母,然后才能取得嫡子资格吗?

况且,开始奉旨,不过说少待二、三年,不久改在万历二十年(公元1592年),又改在万历二十一年,即使这样,还是能够积以时日等待的。今天手诏则说'待嫡',如此,则遥遥无期了。皇命刚刚宣布就突然改变,

 鬼谷子

旨意一改再改而所待之期越来越长。自并封三王诏谕公布，赴京上书的人数不胜数，甚至市井百姓也聚众私议，究竟是谁造成了这种局面呢？很简单，公道自在人心。而皇上却令辅臣王锡爵承担政局波动的责任。王锡爵从早到晚供事内廷，乃力排公议而屈从皇上意旨，他这样做，难道是一般的担当吗？他必然是诚心所积，天良所感，千方百计想使皇上处于无可訾议的地位。王锡爵所作所为，堪称真担当呀！不然的话，连皇上都不能拿天下公论怎么样，更何况王锡爵呢？

皇上是神明天纵的圣主，不能与溺爱宠妃的昏君相提并论。然而不能体谅圣心的人，看见影子就疑心有形，听见响动就疑心有声，即便我们列身朝廷也难免有不解之处。皇上的崇高品德与丰功伟业超过三皇五帝。如今竟遭遇如此意外的纷纷指摘，这不是很可惜吗？我们作臣子的乞求皇上令皇长子早正储位，定名太子，皇第三子、皇第五子各就所封的王爵。如此，则父父子子，君君臣臣，兄兄弟弟，都各正其位。皇室宗庙之福，国家社稷之庆，全部取决于早定国本呵！"

第十一章 决 篇

第十一章 决篇

决篇第一

为人凡决物,必托于疑者,善其用福,恶其有患①,害至于诱也,终无惑②。偏有利焉,去其利,则不受也,奇之所托,若有利于善者,隐托于恶③,则不受矣,致疏远④。

故其有使失利,其有使离害者,此事之失⑤。

【注释】

①善其用福,恶其有患:不论任何人得到福就高兴,而讨厌遇灾难。可见不论是福还是祸,都应慎重考虑之后,再决定办法。

②终无惑:最终不会陷入疑惑。

③隐托于恶:潜伏危险,隐寓殃祸。

④致疏远:会使意见分歧,关系疏远。

⑤事之失:决断的失误。

【译文】

凡是决断事物,一定要托付给善于决疑的人,人都希望自己有幸福,不喜欢自己有祸患。决疑的人因此要善于诱导,最后消除其疑虑和偏见。如果对方在某一方面有利益,一旦失去这种利益,对方就不会接受。如果对方想从中得到利益,你却把这种利益隐藏在对他不利的表面形式中,他也不会接受,并且会因此而疏远你。

所以,在决策方面如果使对方失掉利益,也有使对方离开灾祸的,这是决断事情的失误。

【感悟】

要想成就一番大事必须有非凡的决断力,智者之所以能够决断正确,处事成功,关键在于深谙事理,善于变通,因人因事而断。

【故事】

一、与楚国同争

宋国的向戎与赵文子友好,又与今尹子木友好,他想消除诸侯之间的战争并以此获得名声。他到晋国告诉

第十一章 决篇

赵孟。赵孟与各位大夫商量。韩宣子说:"战争残害百姓,耗费财用是小国的大灾难。有人打算消除它,虽然说战争未必能消除,但一定要答应他。不答应,楚国将会答应,用来号召诸侯,我们就会失去盟主的地位了。"晋国人答应了他。到楚国,楚国人也答应了他。到齐国,齐国人为难他。赵文子说:"晋国、楚国都答应了他,我们怎么能不答应他呢?况且别人说'消除战争',如果我们不答应,那么就会使我们的百姓离心。这样的话,打算怎么使用他们呢?"于是齐国人答应了他。告诉秦国,秦国也答应了他。他们都告诉小国,在宋国举行会盟。

鲁襄公二十七年(公元前456年)五月二十七日,晋国的赵武到达宋国。二十九日,郑国的良宵到达。六月初一,宋国人设宴招待赵文子,叔向做为副手。司马把熟肉俎碎放在俎上,这是礼节。孔子后来看到对这次活动的记载的史料后认为修饰的词藻太多。二日,叔孙豹、齐国的庆封、陈须无、卫国的石恶到达。八日,晋国的葡盈跟着赵武子到达。十日,邾悼公到达。十六日,楚国的公子黑肱先期到达,与晋国相约好条件。二十一日,来国的向戍到达陈国,与子木共同约定这次消

除战争的会盟有关楚国的诺言。二十二日,滕成公到达。子木对向戌说,请求晋国、楚国的盟国相互朝见。二十四日,向戌向赵孟复命。赵孟说:"晋、楚、齐、秦,地位相匹敌。晋国不能指挥齐国就像楚国不能指挥秦国一样。楚国国君如果能够让秦国国君到我们国家来,我们的国君岂敢不坚决向齐国请求?"二十四日,向戌向子木复命,子木派传车告诉楚王。楚王说:"放下齐国、秦国,请求和其他国家相互朝见。"秋七月二日,向戌到达。当天夜里,赵孟与子晳会盟,统一了盟辞。四日,子木从陈国到达。陈国的孔英、蔡国的公孙归生到达。曹国、许国的大夫也都到达了。各国军队以篱笆作为分界。

晋国和楚国分别驻扎在北边和南边。伯夙对赵孟说:"楚国的气氛很坏,恐怕发难。"赵孟说:"我们向左转,进入宋国,能把我们怎么样?"五日,准备在宋国西门外边结盟。楚国人在里面穿上铠甲。伯州犁说:"集合诸侯的军队,而做不信任别人的事,恐怕不行吧!诸侯盼望受到楚国的信任,因此前来顺眼。如果不信任,这是抛弃让诸侯顺服的诸侯的东西。"坚决请求脱掉铠甲。子木说:"晋国和楚国互相不信任已经很久了,

第十一章 决篇

只是做对自己有利的事罢了。如果能满足愿望,哪里用得着信用?"伯州犁退了下去,告诉别人说:"令尹恐怕不到三年就要死了。为了求得满足自己的愿望,而抛弃信用,愿望能够满足吗?有意愿就形成语言,有语言就产生信用,有信用才能巩固意愿。这三者相互关联,然后才能确定。信用没有了,怎么能活到三年呢?"赵孟担心楚军在里面穿上铠甲,把这告诉了叔向。叔向说:"'有什么害处?一个普通人一次不守信用,还不行,全部不得好死。如果集合诸侯的卿,而干不守信用的事,一定不会成功。不守信用的人不足以给人造成麻烦。这不是你的祸患。用信用召唤人,却用虚假利用他们,一定没有人亲近他。怎么能危害我们呢?而且我们依仗宋国防卫楚国给我们造成的麻烦,每个人都会拼命,宋军也会拼命抵抗楚军,即使楚军再增加一倍也可以抵抗,你害怕什么呢?况且事情也不至于到达这个地步。说为消除战争而召集诸侯,但却发兵危害我们,这对我们太有利了,这不是应该担心的。"

季武子派人以鲁襄公的名义对叔孙说:"把我国看作同郑国、滕国一样。"不久以后齐国人请求把郑国作为属国,宋国人请求把滕国作为属国,郑国、滕国都不

参加结盟。叔孙说:"邾国、滕国是属国,我们国家是诸侯之国,为什么要同它们一样看待?我们与宋国、卫国地位相匹敌。"于是参加了结盟。所以《春秋》不记载他的宗族,说是他违背国君命令的缘故。

晋国和楚国争执歃盟的先后。晋国人说:"晋国本来是诸侯的盟主,从来没有先于晋国歃血的。"楚国人说:"你们说晋国、楚国地位相当,如果晋国经常占先,这是表明楚国软弱况且晋国、楚国交替主持诸侯的结盟已经很久了,难道只是晋国在主持吗?"叔向对赵孟说:"诸侯归服晋国的德行,不是归服它主持结盟。你致力于德行,不要争先后了。况且诸侯结盟,小国本来一定有主持结盟的,让楚国做晋国的小国,不也是可以的吗?"于是让楚国人先歃写。《春秋》先记载晋国,是因为晋国有信用。

六日,宋公同时招待晋国、楚国的大夫,赵孟当作上宾,坐首席。子木跟他说话,他不能回答。让叔向在旁边跟子木说话,子木也不能回答。

九日,宋公与诸侯的大夫在蒙门外边结盟。子术向赵孟问道:"范武子的德行怎么样?"赵孟回答说:"他的家政治理得很好,对晋国说来没有隐瞒的情况,他的祝史向鬼神表示诚信，没有让人感到惭愧的话。"子木回来后告诉了楚王。楚王说："崇高啊！能让神、人高兴，他辅佐五个国君作盟主是适合的了。"子木又对楚王说："晋国当诸侯的领袖是合适的，有叔向辅佐他的卿，楚国没有与他相当的人，不能同他相争。"

二、苻坚决心伐晋

十六国时期，苻坚灭了前燕国，降服成汉国。太元元年，也就是公元376年又灭了前凉，并且出兵攻晋，占据襄阳，统一了北方大部，海东诸国六十二王纷纷派出使臣前来朝拜。苻坚此时飘飘然起来。他经常大宴群臣，极尽歌舞，朝廷上下渐渐兴起豪华奢侈之风。也正是在这种背景下，苻坚决心兴师讨伐东晋。

一天早朝的时候，苻坚将自己的想法和盘托出，谁知文武百官顿时鸦雀无声。

秘书监朱彤是个见风使舵的人，忙上前奏道："陛下威震四方，今御驾亲征，是应天顺时之举，大军所到之处，高山低头，河水让路，必然是有征无战……此举定能统一天下，建万古不朽功业！"

 鬼谷子

朱彤话音刚落,百官中走出一个人,高声奏道:"臣以为现在不能伐晋!"众人一看,原来是尚书左仆射权翼。苻坚很不高兴,就说:"你讲吧!"权翼正了正朝服,说:"臣听说,国王无道,诸侯才共同来讨伐。如今晋国虽弱,却君臣和睦,上下同心,并且朝中还有谢安、桓冲等杰出人才,因此出兵伐晋还不是时候。"

苻坚听了这番言论,心中更是不高兴,沉默了一会儿才说:"诸卿都说说自己的想法。"

话音未落,太子左卫率石越应声奏道:"臣以为,权翼之言讲得有理。晋国不但君臣一心,而且据有长江天险,百姓也乐意为朝廷出力。出师伐晋必然凶多吉少。愿陛下保境安民,等待时机,再作打算。"

苻坚早就不耐烦了,听了太子这番话,便驳斥道:"全是庸人之谈!从前吴王夫差,吴主孙皓,他们虽有长江天堑,也未能逃脱覆灭的命运。今我带兵百万,若将马鞭投入江中,即可断其流水,(他们)还有什么天险可守?"

尽管包括阳平公苻融在内的群臣们极力反对,但苻坚还是决心伐晋,结果当然可想而知了!

三、陈胜吴广起义

秦二世一年（公元前209年）七月，有两名秦朝军官押着900名壮丁到渔阳（今北京市的密云县）去驻防。这时正是夏天，常常下雨。队伍来到蕲县大泽乡（今安徽省宿县西南），因为此地靠近淮河的支流浍河，地势低洼，暴雨连续下了几天，把大道部淹没了。队伍只好扎下营来，等天晴了再走。这900人的队伍中有两个强壮的大汉，被推为屯长。一个叫陈胜（？—前208年），是阳城（今河南省登封县东南）人；一个叫吴广（？—前208年），是阳夏（今河南省太康县）人。这天夜里；他们在帐篷里嘀嘀咕咕地商量着怎样死里逃主。原来，按照秦朝的法律，误了日期，就要杀头。而现在再怎么赶路，也不能按期到达渔阳了。

陈胜说："既然误了期，到那儿是死，现在逃走被捉住了也是死，还不如干脆拼死造反呢！"

吴广说："朝廷那么强大，我们怎么造反呢？"

陈胜说："天下人受秦皇暴政的苦已经很久了。听说二世皇帝是秦始皇的小儿子，按理不该由他来继承皇

 鬼谷子

位。应当做皇帝的是他的大哥公子扶苏,因为扶苏常常劝他老子不要多杀人,就被秦始皇派去守长城了。如今听说二世为了篡位,害死了公子扶苏。老百姓只听说扶苏很英明,但还不知道他的死讯。楚国的大将项燕,曾经立下赫赫战功,对部下又十分爱护,很得人心。有人说他死了,有人说他在楚国灭亡时逃走了,咱们楚国人很怀念他。要是我们现在假借公子扶苏和楚将项燕的名义,号召天下百姓反对秦二世,响应起义的人一定会很多的。"

吴广觉得很有道理,就同意和陈胜一起干。当时的人都很迷信鬼神,两人就决定利用这一点,先要取得900个壮丁的信任。他们上街买了块绸子,上面用朱砂写着"陈胜王"三个大字,然后把这块绸子暗暗塞进一条鱼肚里。一个壮丁从街上买回了这条鱼,剖开肚发现了这个字条,这事一下子在壮丁中传开了。

那天晚上,陈胜又叫吴广到营地附近的一座破庙里去,在一个竹笼里点上烛火,然后把它放在草木丛中,远远望去,就像忽明忽暗的"鬼火"一般在闪耀着。吴广还躲在那里模仿着狐狸的声音,叫着:"大楚兴,陈胜王。"

第十一章 决篇

大家越发奇怪，认定陈胜是个"真命天子"。

吴广一向爱护别人，壮丁们大多和他很合得来。一天，他趁两个军官喝醉时，故意要军官放他们回家，想用这些话来刺激他们，使他们发火，来当众侮辱自己，以激起大家的不平。两个军官哪知是计，果然扬起鞭子，狠狠揍了吴广几下。吴广大骂起来，军官就拔剑要刺，吴广、陈胜见火候已到，就冲上去夺过两个军官的剑，将他们刺死了。

接着，陈胜、吴广号召大家起来造反，900个壮丁一齐响应，揭竿而起。于是发生了中国历史上第一次伟大的农民大起义。

四、虞诩通权达变

东汉安帝年间，由于天灾不断，兵火连年，加上贪官污吏的不法行为，内忧外患迭起，各地农民起义不时发生，少数民族问题一直困扰着开始颓败的后汉王朝。永初四年，活跃在青海一带的一支羌族反叛，切断了陇道，割断了汉朝与西域的联系。当时临朝听政的是邓太后，她使用了镇压和安抚相结合的策略，但未能奏效；

 鬼谷子

几次征讨又都不胜而还,益州、汉中太守先后被羌族所杀。不久,这支羌族部队又进攻武都,邓太后得到这个消息后,想到了当时担任朝歌长的虞诩。邓太后召虞诩进宫,改任他去当武都太守,即日从洛阳到武都赴任。羌军得到虞诩就任武都太守的消息后,便派一支精兵到陈仓(今陕西省宝鸡市东面),羌人准备在半路上拦截。虞诩当时只带了几千人马,见羌军是有备而来,当即下令部队停止前进,就地安营扎寨。他故意让将士们散布说羌军兵多,我们打不过。太守已向太后奏请援兵,等大军到来后,再继续进发。羌军探听到这一消息后认为,虞诩一两天内不能进军,也不可能向他们发起攻击,就分兵进攻邻县去了。虞诩见羌军中计,急忙命令军队不分昼夜火速前进,并且下令部队每天都要增加行军用的土灶数量。这时,他的部下中有人不解地问:"从前孙膑打仗时,每天减灶,为什么你倒要增灶呢?兵法上规定行军每天不过三十里,为的是要防止意外,为什么我们每天要走一百多里的路呢?"虞诩说:"敌军人数多,我们人数少,走得慢了,会被敌人追上;走得快,每天又增加灶数,敌人以为我们部队多,就不敢追了。"他又说:"从前孙膑减灶是'见弱',我增灶是'示强',

第十一章 决篇

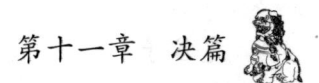

彼此情况不同,对付的办法当然就不能一样了。"

这一说,大家明白了其中的道理。当虞诩不过三千人的部队和羌军一万多人对阵时,虞诩下令不准使用射得很远的强弩,只用射得近的弱弓。羌军认为虞诩的部队战斗力很弱,就下令猛攻。虞诩等到羌军逼近时,下令集中强弩射击,把羌军打得大败。虞诩又派出人马,埋伏在羌军的退路上,进行袭击,最后终于打败了羌军。之后,他在辖区修筑了一百八十座营垒,赈济贫民,武都郡从此得到了安定。

虞诩带兵打仗灵活机动,"通权达变",不为前人兵法所束缚,值得学习,但他镇压羌人起义却是应该给予批判的。虞诩一生多次沉浮。最终,他在永和初年,就是公元136年升为尚书令,不久就去世了。临死之时,他对自己镇压农民起义,杀害无辜进行了反省,受到了良心的谴责。

五、淮南王英布

汉王刘邦与马楚军在彭城展开激战、战事不顺利,就从梁地逃出,到了虞城县,对左右随从的人说:"象

你们这些人，都是不值得商讨大事情的人。"有拜见汉王的人随何进来说："不明白陛下所说的是什么意思。"汉王刘邦说："谁能为我出使淮南，使他们把士兵们拉出来起事背叛楚国，让项王在齐国滞留几个月，那我夺取天下就可以万无一失了。"随何说："臣于我请求出使淮南。"于是就拨给他二十个人一块出使淮南。到了淮南，淮南太宰和他们周旋，三天都没能见到淮南王。随何因而劝太宰说："淮南王之所以不接见我随何，必定是由于认为楚国势力强大，而我们汉王的势力弱小，这正是我为什么出使淮南的缘故。让我随何能够见到淮南王，把其中的道理说出来，说得有道理，那正好是大王所想听到的东西；说出来如果不是那么回事，就让我随何等二十个人在淮南的集市上趴在砧子上死在斧头之下，以表明你们背弃汉王而归顺楚国的心意。"太宰把这番话给淮南王说了，淮南王见了随何。随何说："汉王派我这个使臣恭敬地进奉一封书给大王驾前，私下里很奇怪大王你为什么跟楚国那么亲密呢？"淮南王说："我面向北对楚国以臣子身份来做事。"随何说："大王您与项王都是一样并列的诸侯王，而北向称臣，必然以为楚国势力强大，可以把您的国家托付给它。项王讨伐

第十一章 决篇

齐国,身上背着墙板,手里拿着铁杵,身先士卒去冲锋陷阵。大王您应该把淮南的兵力全都征发出去,而且亲自为将,去充当楚军的先锋部队,而现在只发出四千人的军队去帮助楚国,这是面对北方对人执臣子之礼的人,本来就应该是这样的吗?当汉王在彭城打仗,项王也没到齐国时,大王您应该纠集淮南的全部兵力,日日夜夜在彭城之下投入战斗、而今却手握一万多人的重兵,都没让一个人渡过淮河,暗地里垂手去观看谁能打胜。这是把国家托靠于别人的人,本来就应该是这样的吗?大王您只是以空头名义向楚国称臣,而想壮大自己,独立一方。我私下里认为大王这种做法不可取。然而大王您不背叛楚国、,认为汉王势力弱小。那楚国兵力虽然强大,却在天下人面前背上了不义的名声,就因为他们背弃了大家都知道的约定而且把义帝也给杀了。然而西楚霸王只是以打胜仗而自恃强大。汉王刘邦收拢各路诸侯;返回把守成皋、荣阳,到蜀地、汉地去取粮食,把防护沟挖得很深,壁垒很坚固,分兵把守着边界防守着。楚国军队从齐地回兵时,只能借道梁地,这已经是深入敌国腹地八九百里了,想要打找不到敌人,攻击城邑又无力去攻克,一些老的弱的兵卒从千里之外运

送粮食，楚军士兵到荥阳、成皋时，汉军只会坚固防守而不出动，他们前进无法攻击，后退不能解脱，所以楚军士兵就容易疲惫了、假如让楚军士兵打败汉军，那各路诸侯就会感到自身很危险而跑来援救。那楚国的强大，正好招来天下的军队和他作对。所以，楚军不如汉军有利。这种形势是显而易见的，现今大王你不与有万无一失的汉军联手。而把自己托靠在危在旦夕的楚国。我私下里为大王您感到迷惑不解。我并不认为淮南的军队就足够去消灭楚国。大王您如果发动军队背弃楚国，那项王必然会滞留下来，滞留几个月，汉主夺取天下就可以万无一失。我恳求和大王您举起您的利剑而归顺汉王，汉王一定会划出土地而分封大王，一而况且淮南之地，必定会归大王您所有。所以汉王恭敬地派使臣我进奉这愚钝的计策，希望大王您审慎考虑。"淮南王说："我请求接受汉王的盼咐。"暗地里准许背叛楚国而归顺汉王，没有敢泄露出去。

楚国使者在淮南，正在急催着淮南王英布征发军队，随何直接进来说。"九江王已经归顺汉王，楚国怎么能够在这儿征发军队。"英布惊呆了、楚国使者站立起来，随何因而劝英布说：一事情已定局了，只能杀掉

第十一章 决篇

楚国使者,不要让他回去,而赶快逃走与汉军兵力合在一起。"英布说:"按使臣你的意思办。"甲而发动军队进攻楚国。楚国派项声、龙且进攻淮南,项工留下来进攻下邑。几个月后,龙且攻打淮南。打败了英布的军队。英布带领军队往汉军那里跑,害怕项王攻击他们,所以从小路走和随何一同回到了汉军营地。

到的时候,汉王正在床上洗涮。并且召唤英布进去见面。英布非常愤怒,后悔来到这里,想要自杀。出来后到了自己住的地方,看见吃的东西、喝的东西是御膳,服侍的人和汉王一样多,英布又感到非常高兴。于是就派人去了九江。楚国已派项伯接收了九江的军队,把英布的妻子儿女全都杀了。英布的使臣是很得故地人的喜欢的英布宠信的臣子,他带领了数千人归顺了汉王。汉王又增加了英布的兵力,和他一块向北进发,接收士兵后到了成皋。汉高祖四年(公元前2203年)的秋天,七月,封英布为淮南王,共同进攻项羽。英布派人到了九江,占领了几个县。汉高祖五年(公元前202年),英布与刘贾进人九江,劝说引诱大司马周殷,周殷背叛了楚国。于是就发动全部九江军队与汉军一起共同向楚国发动攻击,在垓下彻底击溃了楚军。

鬼谷子

六、刘邦与民约法三章

秦二世三年,就是公元前207年,刘邦的大军顺利进入关中,驻扎在离咸阳不远的灞上。秦王子婴一看战不成,守也使不得,只好向刘邦投降。秦始皇建立的强大的秦朝帝国就这样灭亡了。

于是,刘邦大军进入咸阳城,将士们开始抢夺金银财物。刘邦也深入宫中,但见各种珍奇古玩、金银珠宝琳琅满目,又见美女如云,刘邦顿时神魂颠倒,飘飘欲仙。他没多想,就往胡亥的龙床上一躺,闭目养起神来。

这时,刘邦手下的爱将樊哙突然闯了进来。樊哙一进门就直言不讳地说:"沛公是想取得天下呢,还是想当个富翁?这些奢华之物,正是秦朝灭亡的祸根。请速还军灞上,切莫迷恋于此!"

刘邦一听,觉得樊哙之言不无道理,但他又确实舍不得离开。这时正好张良走了进来,劝道:"秦如此无道,为天下人所痛恨,所以我们才起兵攻灭他。沛公刚

第十一章 决篇

入秦都,便想在宫中寻欢求乐,这岂不是重蹈秦辙吗?我劝沛公切莫因为图一时快活而毁了大业!古人有言:良药苦口利于病,忠言逆耳利于行。请沛公依从樊哙之言,从速离开这里!"张良一席话,令刘邦幡然省悟。刘邦当即下令兵士查封皇宫府库,然后带领众将士返回灞上军营中。

为了安民,刘邦遍召当地父老乡亲,公开宣布说:"现与诸位父老约法三章:杀人者死,伤人及盗抵罪,其他秦时苛法全部废除!凡官吏民众,均不必惊慌。"随后,刘邦派出使者,协同各地原来的秦吏,将这著名的"约法三章"通告各地,受到秦地民众的欢迎,他们奔走相告。这一正确决策,对日后刘邦称王并建立汉王朝产生了巨大的影响。耶律楚材曾在《怀古一百韵寄张敏之》诗中赞叹道:"约法三章日,恩垂四百基。"

刘邦因"约法三章"受到民众的拥护,为他后来夺得天下打下了基础。看来,这"法"大可治军治国,小可规范个人行为。健全的法制,是国富兵强的重要保证。今天我们常说"国有国法,家有家规",说的就是这个道理。

鬼谷子

七、项羽起义破釜沉舟

秦朝末年,即公元前207年,各地反对秦王朝的起义军纷纷揭竿而起。秦将章邯带领30万大军,将位于巨鹿的一支起义军包围起来;章邯本人亲自带领一支精兵驻扎在巨鹿城南,并扬言,谁救巨鹿他就打谁。

起义军为解巨鹿之围,派上将军宋义和副将项羽带领一支部队前去救援。由于宋义惧战,起义军到达安阳后,46天按兵不动,加上寒雨绵绵,士兵纷纷抱怨起来。在这种情况下,项羽杀了宋义,自代上将军进军解救巨鹿。

项羽先派英布带着3万人马渡过漳河。英布过河后,很快肃清了巨鹿外围的秦军,占领了漳河对岸。接着,项羽指挥大队人马渡过漳河。等部队全部到了对岸,项羽命令把渡河的船只统统凿沉。不但如此,项羽还让士兵只带三天干粮。然后,将做饭的锅、罐统统砸碎,表示誓死一战的决心。

秦将王离听说项羽破釜沉舟,暗笑他不懂兵法,连退路都不留一条,于是带着一支秦兵来应战。他们哪里想到,项羽正是下定了决心,带领起义军拼死一战。

第十一章　决篇

秦军与起义军刚一交手，秦军就败下阵来。秦将王离一看不妙，掉转马头逃回章邯营中。章邯立即把秦军分为九路，将项羽团团围拢起来。一时，战鼓雷鸣，杀声震天。起义军以一当十，将秦军打得落花流水，王离被活捉当了俘虏。章邯一看大势已去，只好收拾残兵败将逃跑了。

起义军大胜。

八、张巡计守雎阳

唐玄宗时，安禄山叛军将领尹子奇进犯睢阳。守将张巡率军抵抗，他对将士们说："我受国家的恩典，今天献身报国的机会到了。但又顾念你们，在战场上奋勇杀敌，甚至为国捐躯，却没能得到应有的奖赏，我为此真是痛心！"众将士听了这番话，无不感动，群情激昂，表示愿意奋战到底。张巡下令杀牛宰羊，犒劳将士们，然后全军出战，迎击敌人。

叛军见张巡的人数这么少，所以没把他们放在眼里，张巡亲自挥动帅旗指挥，将士们个个勇猛无比，以一当十，叛军因为轻敌，很快便被击溃。第二天，叛军再次攻城，张巡又率军出城迎战。双方从白天战斗到晚

上，分不出胜负来。张巡下令连夜击鼓整顿队伍，好像又准备出城。叛军得知这一情况，通宵警戒，不敢有丝毫懈怠。可是一直等到天明，也不见守军出击。叛军不知道城内守军的情况，赶紧派人从了望接向城中观看，可什么也看不见。突然，张巡和诸位将领各率50骑兵，从城门杀出，直奔敌营。叛军没料到守军会突袭，乱作一团，伤亡十分惨重。张巡想要用箭射杀尹子奇，却又不知道谁是。他削蒿子当箭射，叛军以为守军没有箭支了，便拾起箭拿给尹子奇看。叛军的举动恰恰让张巡认出了尹子奇，张巡命部将南霁云搭箭射他，射中了尹子奇左眼，尹子奇几乎落下马来，叛军竭力抢救，方免于被俘。尹子奇心知睢阳城难以攻下，只好下令撤军。

九、张巡草人借箭

公元756年，唐将张巡被叛将令狐潮围困于河南雍丘。张巡所部只剩下两千人马，而令狐潮率有4万之众，实力相差十分悬殊。张巡机敏地想到，要保全城池，只能靠智慧，不宜硬拼。

既然要避免正面短兵相接，那么箭是最好的武器。

第十一章 决篇

张巡终于想出一个良策来,他命令手下人扎了1000个真人大小的草人,给它们披上黑衣服,看上去就象唐朝士兵一样,并且将它们用草绳扎牢。到了晚上,他让士兵们将捆扎牢实的草人用绳子沿城墙而放下。城外的叛军将士远远看见,以为是唐朝官兵要出城突围,便向草人放箭。不一会儿草人身上插满了叛军的箭矢,张巡下令将草人收上城来。连续几次下来,唐军共得到数10万支箭。叛军这才醒过神来,大呼上当。

几天后,张巡决定利用敌人对草人已有察觉,不再放箭,偷袭敌人。他派了500精兵趁夜色从城墙上坠下,叛军见状,以为又是唐军放草人来赚箭,便只是远远地观望,不加理会而且,令狐潮还纵声大笑,认为张巡故伎重演,已无他计可施。不料,这500精兵下了城墙后,竟如闪电般直奔叛军大营。叛军猝不及防,还没回过神来,已被杀得大败,落荒而逃。

一〇、李光弼巧用攻心术

唐肃宗年间,大司空李光弼同叛将史思明在河阳对峙。史思明企图截断李光弼的粮道,移师至河清县。李

光弼得到这一情报,立即率领官军到野水渡去驻扎,修筑营垒。但只相持了一天左右,李光弼便返回河阳城,只留下部将雍希颖率1000名官军驻守野水渡。李光弼对雍希颖说:"史思明手下有两名勇将,高庭晖和李日越,二人中必有一人今晚前来偷袭,你只管坚守,本要出战。如果来将投降,便带来见我。"对李光弼的一席话,雍希颢很不理解,却又不便多问,只得遵命。

果不其然,史思明决定派李日越率领500精骑当晚前去劫营,并且对他说:"李光弼善于守城,但不长于野战。如今他移兵到原野,正好可以去擒获他。你今晚去偷袭,一定要生擒李光弼回来见我,否则,你就不必再来见我了。"李日越领命后,立即出发了。

拂晓时,李日越领着人马偷偷来到了官军寨前,雍希颢见了,便毫无敌意地笑着出来相见。李日越倒给弄了个丈二和尚摸不着头脑。他问道:"李光弼在哪里?让他出来答话。"雍希颢回答说:"李将军已经回河阳去了,只留下在下统领1000人马留守。"见李日越沉吟不语,雍希颖又说:"敢问将军姓高还是姓李?"李日越回答:"姓李"。雍希颢笑道:"那您必定是李日越将军了。李光弼将军临走时说过,将军您对朝廷本是忠心耿

第十一章 决篇

耿,是被迫入了叛军的,所以命我在此迎候将军的到来。"李日越听罢,不由得有些动心,联想起史思明的严令,便对部下说:"李光弼现在到河阳城去了,大家捉不到李光迅就难免一死,与其等死,还不如趁早投降官军算了。"没有人反对,于是李日越率军投降。

李光弼见了李日越后,待他非常好,几乎当作心腹之人了。李日越自然十分感激,主动写信劝降高庭晖,李光弼却说:"不必了,高将军自然会来归降的。"过不几日,高庭晖果然率部来降。

有人问李光弼,为什么这么容易便收降了两名叛将?李光弼回答说:"这是攻心的结果。史思明向来认为我只善于守城而不善于野战,我有意转移到野水渡,他以为我投进了圈套,便派李日越前来偷袭,李日越捉不到我,不敢回营,只好投降。高庭晖的才干超过李日越,见李日越尚且被我重用,必然也来归降。"

一一、官官相护

"官官相护"或作"官官相为",表示官吏们互相包庇、相互纵容的现象。

 鬼谷子

此典出自清代刘鹗《老残游记》第五回:"纵然派个委员前来会审,官官相护……他是官,我们是民……"

在曹州于家屯那个地方,有个财主名叫于朝栋,他有两个儿子。有一年秋天,他家被强盗抢了一次,于家就到官府报案,结果有两个小强盗被逮住处死了,因而强盗他们就怨恨于家。强盗为了报复,在一次抢劫后,把一部分赃物悄悄地放进于家一间放杂物的屋子里。

曹州长官玉贤带领人马追捕强盗,途中在于朝栋家搜出了强盗所藏的赃物,于是不由分说,将于朝栋父子三人抓去。于朝栋父子明明是被冤枉的,但曹州府玉贤既不调查核实,又不听从下人的意见,硬把于朝栋父子三人放在站笼里活活折磨死了。

于朝栋父子三人死后,众人愤愤不平。

有的人建议:此事应往上告,要上面重审。有人却反对这样做。理由是:民家被官家害了,除了忍受,没有别的办法。如果上告,照例仍旧发回原地审问,这样又落在他手里,岂不是又要倒霉么?又有人建议,请于朝栋的女婿去上告,因为他是秀才,学问渊博,一定有办法。于朝栋的女婿对众人说:"我是可以去,只怕于正事无济,反叫站笼里多添一个屈死鬼。你想,抚台一

定要发回原官审问；就算派个委员前来会审，官官相护，……他是官，我们是民……这个官司到底能不能打赢呢？"众人听了，觉得他说得很有道理，没有办法，只好罢了。

一二、柜中刺史

"柜中刺史"形容封建官僚的愚蠢无能和那些封疆大臣贪生怕死的丑态。

此典出自《雅谑》。

刺史孙彦高被突厥军队围困在城中，吓得不敢升堂处理政务，收发文书、符令都从小窗口传递。当得到突厥军队登城的消息以后，他就把州衙、宅院的大门全部锁住，自己藏到柜子里，并叮嘱家奴说："一定要掌管好钥匙，贼兵来了，千万不要把钥匙给他们。"

一三、披坚执锐

"披坚执锐"表示投身战斗。

此典出自《史记·项羽本纪》："披坚执锐，义不

 鬼谷子

如公；坐而运策，公不如义。"

秦朝末年，秦二世胡亥派章邯进攻赵国，章邯带领二十万兵卒把赵王团团围困在巨鹿。赵王不停地向楚王求救，楚王便派宋义做主帅，项羽做次将，北上救援赵国。宋义故意带领人马缓缓而行，到了安阳，竟一下子停留四十六天。项羽对宋义说："听说秦军把赵王围困在巨鹿，应该马上进军。如果我们在外面攻击秦军，赵军必然会作内应，这样我们就一定会打败秦军的。"宋义说："现在秦军攻赵，如秦军得胜，他的兵力一定十分疲困，就乘秦军疲困时进攻；如果秦军不能取胜，就大张旗鼓向西进军，这同样能打败秦军。'身穿铁甲、手拿锐利武器去打仗，我不如您；坐下来讲用兵之策，您就不如我宋义了。'"宋义仍然不肯进军攻秦。项羽心里很着急，又向宋义建议说："现在将士都希望我们进兵，协力攻秦，而且今年灾荒严重，百姓饥饿，军队缺粮，久留是不行的。而今秦军强大，大有一举吃掉赵国之势，哪有什么疲困的机会可以利用？我军在定陶大败的事情，已使楚王'坐不安席'，而楚王又把一国之事交付于您，国家安危在此一举，望你以国家利益为重。"宋义仍坚持他的看法，项羽再三劝说毫无效果。项羽恼

第十一章　决篇

羞成怒，就杀害了宋义。项羽夺了兵权后，楚王乃封项羽为上将军，接替宋义的职位。项羽便派当阳君黥布和蒲将军领兵两万渡过漳河，去救钜鹿，但只取得了小小的胜利。赵王的大将军陈余再次要求项羽增兵，项羽便统率全军去救。

队伍一渡过漳河，项羽便下令把船只全部凿沉，把煮饭的锅全部打碎，把宿营的房子全部烧光，每人只带三天的口粮，以此表示誓死不归的决心。项羽决心死战，战士勇往直前，两军在巨鹿城下展开大战。

这时候，楚军的势力雄冠诸侯。救援钜鹿的诸侯军有十几个营垒，都不敢出兵。"楚战士无不以一当十"，喊杀之声惊天动地。经过几次激烈战斗，歼灭了秦军，俘虏了王离，杀死了苏角，逼死了涉间。这便是历史上有名的"钜鹿之战"。

一四、旗鼓相当

"旗鼓相当"亦称"鼓旗相当"，比喻双方势均力敌，不相上下。

此典出自《后汉书·隗嚣公孙述传》："如令子阳

（公孙述）到汉中三辅，愿因将军兵马，鼓旗相当。"

西汉末年，王莽势力衰弱，成纪（今甘肃省秦安）地方的隗嚣组织武装力量，反抗王莽统治，相继攻克了陇西、张掖、酒泉、敦煌等地，自称上将军。而公孙述则在四川一带自称皇帝。

公元25年，汉光武帝刘秀建立了东汉中央王朝，但边远地区尚未完全统一。刘秀为了孤立公孙述，逐步实现统一，就处心积虑地笼络隗嚣。隗嚣为了寻找政治出路，曾上书刘秀，向东汉称臣。于是刘秀通过大司徒邓禹封他为西川大将军。后来，隗嚣又打退了从长安往西发展的农民起义部队赤眉军。当时，陈仓人吕鲔拥兵数万，跟公孙述勾结在一起，率兵侵犯陕西中部一带，进攻长安。隗嚣率兵配合刘秀的部队，打退了吕鲔和公孙述的共同进攻。因此，隗嚣得到了刘秀的信任和尊重。

为了阻止盘踞四川的公孙述向外扩大势力，刘秀给隗嚣写了一封措辞委婉的信，希望他能够依仗着自己的实力阻止公孙述进犯。他在信中说："我现在忙于在东方作战，大部队都集中在那里，西方兵力薄弱。如果公孙述出兵到汉中，企图进犯长安，我希望能够借重将军

第十一章 决篇

的兵马旗鼓,和他较量一番。如果能这样,我就算得到了上天的赐福。"隗嚣采纳了刘秀的意见,与刘秀共同出兵,把公孙述打得大败。

一五、桑中生李

"桑中生李"这则故事告诉我们:制造迷信也好,盲从附和也好,都是没有知识的表现。

此典出自《搜神记》。

在南顿这个地方,有一个叫张助的农民。他在种庄稼的时候,发现了一棵李子的核,把它带回家去。回头一看,一株空心桑树中有泥土,他便把李子的核种在空心桑树里,并把剩下的一点水浇在上面。

后来有人发现空心桑树中长出了李树,就把这个消息传开了。有一个患了眼病的人在树荫下休息,向李树祷告说:"李先生如果能"治"好我的眼睛,我要用一只小猪来谢你。"说完以后,他就感觉眼睛的痛楚稍微减轻了一点,后来便慢慢好了。这消息一传出,就好像一只狗偶然望空中叫了一声,其他的狗便跟着叫了起来一样,到处传说着:"有一个瞎子因为得到李树的保佑

鬼谷子

而重见光明。"这一来,远远近近的人都轰动起来,到那树下祭神的人络绎不绝,坐车骑马的往往成千上百,摆在那里的酒肉等祭品也堆积如山。

隔了一年多,张助出远门回来了。看到大家祭树的情况,非常诧异地说:"这树有什么神通?它只不过是我种下的一棵李核而已。"于是就砍掉了。

一六、人弃我取

"人弃我取"的意思是,别人抛弃,我去取来。本意指一种经营之术,后用以表示自己的兴趣、见解与他人不同。

此典出自《史记·货殖列传》:"白圭,周人也。当魏文侯时,李悝务尽地力,而白圭乐观时变,故人弃我取,人取我与。夫岁熟取谷,予之丝漆;茧出取帛,予之食。"

战国人白圭,周朝国都洛阳人。魏国国君魏文侯当政时,任李悝为相,充分发挥土地的生产能力,因此魏国逐步强盛起来。白圭看到这种情形,抓住机遇,采取"人弃我取,人取我予"的办法经商,生意做得非常兴隆。每年秋收的时候，市场上谷子多起来了，他就买进谷子，而这时百姓们忙于织布和修缮房屋，他就卖出丝绸和油漆；每年春天蚕茧上市，他就买进丝织品和丝绵，卖出谷子。

白圭虽然很富有，却过着节衣缩食的生活。很多人都觉得白圭很会做生意，就纷纷向他请教。白圭说："做生意，要用智慧计谋，还要果断。智谋不足的人，不能随机应变；勇气不足的人，不能当机立断；仁义不足的人，不能做到'人弃我取，人取我与'；意志不够坚强的人，不能坚持自己的信念。因此，你们虽然想跟我学习做生意的本领，我也无法使你们完全掌握。"

一七、人无远虑，必有近忧

"人无远虑，必有近忧"比喻如果事前没有深远的思考、谋划，一旦危难迫近，将无法应付。

此典出自《杀狗记》六："常言道："人无远虑，必定有近忧来至。"作个道理，早寻个长久计。"

曹操率领四十万兵马去攻打东吴。东吴孙权召集文武百官研究抵御敌人的对策。大将吕蒙建议在濡须口

 鬼谷子

（现在湖北黄冈附近）修筑船坞。船坞，是在江中旁岸环筑的城墙，把整个水军船只泊在里面，城墙上派许多兵防守，进攻退守，水陆两军配合都很方便。许多大将反对筑坞，说："上岸击贼，跣足（赤脚）下船，何用筑城？"吕蒙说："打起仗来有时顺利，有时不顺利；战无必胜。一旦突然发生激战，步兵骑兵白刃相接，人来不及奔近水边，又怎么来得及上船列队对敌呢？有了船坞就可以从容布置队伍了。"孙权听了，吕蒙的这番话，非常同意他的观点，就说："'人无远虑，必有近忧'，吕蒙的话是有远见的。"于是派几万人连夜开工，在很短的时间内，筑成了濡须坞。曹操大兵到来，哨兵向曹操汇报说："遥望沿江一带，旗幡无数，不知兵聚何处。"曹操放心不下，爬上山坡探望，只见濡须坞内战船各分队伍，旗分五色，兵器鲜明，竟然无懈可击。这一战，曹操损兵折将而回，没有捞到任何好处。

一八、发动叛乱的安禄山

公元755年（天宝十四年）冬，安禄山见时机成熟，决定发动叛乱。那时恰好有一个官员从京都返回，

第十一章　决篇

安禄山就假造了一份唐玄宗的诏书，向将士们宣布说："皇上有密旨，要我立刻带兵入朝讨伐杨国忠。这个消息太突然了，众将士十分惊讶，但谁也不敢反对，安禄山的一些心腹则拼命鼓吹响应。

十一月初，安禄山纠集了十五万人马，号称二十万，连夜从范阳（今北京市城区西南）出发，向南进军。一路上烟尘滚滚，席卷千里；鼓噪呐喊，惊天动地。唐代诗人白居易在他著名的叙事长诗《长恨歌》中形容道："渔阳鼙鼓动地来，惊破霓裳羽衣曲。九重城阙烟尘生，千乘万骑西南行。"那时候，老百姓过了数十年和平生活，几代人都没有经历过战争，突然间听说范阳兵变，远近震动。河北各郡的防守很快就瓦解了，接着洛阳陷落，潼关失守，长安危急，唐玄宗只好带着杨贵妃仓皇出逃。

路上，有一个老人对唐玄宗说："安禄山的反心，早就暴露了。但是有人向陛下告发，总是被陛下所杀，以致造成今天的局面！我记得宋景当宰相时，敢于讲真话，所以天下太平。而现在的朝臣只晓得阿谀奉承，所以天下的情况，陛下一无所知。如果陛下不是逃难到这里，我怎么能当面向陛下诉说这些事呢！"

鬼谷子

唐玄宗痛心地说："这是我糊涂，真是后悔莫及啊！"

老人说的是大实话，造成安禄山叛乱的就是唐玄宗和他的宰相李林甫，还有杨贵妃的哥哥杨国忠一伙。安禄山是胡人，原是平卢节度使张守的偏将。因为犯罪被判死刑，张守怜惜他打仗勇敢，才送到京师让朝廷去决定。当时，宰相张九龄认为："军令如山，安禄山不可以免死。"

但是，唐玄宗也欣赏他的勇敢，要赦免他。张九龄仍坚持原则，说："安禄山犯纪丧师，于法不可不杀；况且我看他脸露凶相，不杀他将来有后患。"

唐玄宗却说："你不要枉害忠良。"最后仍赦免了他。

安禄山这个人很狡猾，善于揣测人情，讨人所好。他任平卢兵马使时，凡是朝廷来人，都要送一笔厚礼。有一回，御史中丞张利贞来考查，安禄山百般奉承，连张利贞的随员都一一加以厚待。所以，张利贞回朝后，在皇帝面前将安禄山大大夸奖了一番，安禄山便被提升为营州都督，充平卢军使，黑水等四府经略使。

公元743年，安禄山入朝，唐玄宗更加宠信他，随

第十一章 决篇

时接见，封赏优厚。安禄山编造了一个故事说："去年营州虫灾，我焚香告天说：'我安禄山如果心术不正，事君不忠，情愿蝗虫来吃我的心肝。如果我对神灵虔诚，希望虫子都散去。'于是就有大批鸟群从北飞来，一刹那间，就把害虫吃个精光。请皇上命史官如实记载下来。"唐玄宗居然答应了。

安禄山为了邀功，取得皇帝的信任，经常侵略掠夺边境各族。奚族、契丹忍无可忍，先后杀掉了唐室下嫁的公主，纷纷反叛，安禄山就出兵讨伐。他奏告朝廷说："我讨伐契丹直到北平郡，梦见先朝名将李靖向我求食。"

唐玄宗就下旨为李靖建庙。庙造成后，安禄山又谎奏说："祭奠时，庙梁上竟生出了灵芝草。"唐玄宗竟然也信以为真。

安禄山是个矮个子，却长得肥胖，肚皮下垂过膝。他见皇帝时故意装出一副滑稽相。有一次，唐玄宗指着他的大肚子开玩笑地问："这个胡人的肚皮长得这样大，里面装的是什么？"

安禄山回答："没有别的，只有一颗赤子之心。"唐玄宗听了很开心。

鬼谷子

后来，唐玄宗又让安禄山拜杨贵妃为母。皇帝与贵妃共坐时，安禄山先拜贵妃。皇帝问他为何这样，安禄山说："胡人先拜母亲，后拜父亲。"唐玄宗听了也很高兴。

公元750年，唐玄宗封安禄山为东平郡王，又任命他兼河北道采访处置使。安禄山以友好交往为名，引诱奚族、契丹酋长赴宴，把他们灌醉后，活埋了数千人，另外八千人作为俘虏，连同酋长的首级一起献给朝廷请功。唐玄宗特地为安禄山在京城造了府第，第二年，他又下令给安禄山建造更富丽豪华的府第，还说："安禄山眼大，勿叫他笑我小气。"新屋造成，安禄山叫皇帝通知宰相来赴宴。到了那一天，唐玄宗原来打算打球的，结果也临时通知改期，并命宰相一同都去安宅。

安禄山生日那一天，唐玄宗和杨贵妃都赠送了厚礼。第三天，皇帝召安禄山入宫，杨贵妃异想天开，居然用锦缎做了一个襁褓，将安禄山像婴儿一样包起来，叫宫女用彩轿抬着走。唐玄宗听到后宫的欢笑声，问原因，宫女说是贵妃生婴儿过"三朝"。唐玄宗亲自去看，不仅给杨贵妃赏赐了三朝洗儿的金银钱，还赏赐了安禄山。从此宫中把安禄山称作"禄儿"，他可以自由出入

第十一章 决篇

宫廷，或与贵妃对饮，或夜宿宫中，无所不至。

安禄山原任平卢节度使，兼任范阳节度使，后来他又要求兼任河东（治所在今山西太原）节度使，唐玄宗也毫不犹豫地同意了。

安禄山兼领三镇节度使后，重兵在握，日益骄横。他认为皇帝年老又惧内，朝廷武备松弛，所以没有什么力量可以与他对抗。他手下的官员就趁机劝他叛乱。安禄山收编了契丹等族的投降者八千人，又有家丁百余人，都是以一当百的亡命之徒。他养了数万匹战马，又派胡商到各地去收买刀枪。他还奏请朝廷，封他的部下当将军的有五百多人，当中郎将的有两千多人，以此收买人心。

当他以为一切都已准备好了，便发动了反叛，并于公元756年正月一日，在洛阳称帝，国号大燕。

一九、光绪帝变法维新

1898年，农历戊戌年，公车上书失败后，他与他的学生梁启超主张变法，改良政治，得到光绪皇帝的支持。

 鬼谷子

光绪帝即位的时候只有四岁，朝廷大事由慈禧太后管着。慢慢地他长大了，公元1889年结婚，慈禧太后表示，以后让光绪主持朝政。其实当时正是中法战争过后不久，朝廷内外对西太后许多丧权辱国的做法越来越不满，她所说的让光绪管理朝政，只是做出一种姿态罢了。

这个时期，帝国主义各国掀起了一股瓜分中国的狂潮。面对这种情况，康有为、梁启超等组织了保国会，创办《时务报》，发表了慷慨激昂的演说，要求朝廷维新变法。他们的行动在社会上引起强烈的反响，一个资本主义改良运动的高潮已经在全国大部分地区开始出现。

光绪皇帝的老师翁同龢是个倾向于维新的人物。他常常把社会上的一些情况告诉光绪，他还认识康有为，对康有为等人的改革主张很欣赏。光绪帝决心利用这个机会把朝廷的大权从西太后那里夺过来，振兴清王朝。他对军机大臣奕劻说："太后假如再不给我实权，我宁愿退位，不当亡国的皇帝了。"

奕劻把光绪的话告诉了西太后，西太后说："哼，我还不想让他当呢！"

第十一章 决篇

奕劻在边上急忙劝解，西太后想了想，说："也好，等他搞不出名堂来再说。"

光绪帝决心按自己的想法去干。几个大臣上奏章要皇上把保国会给禁了，理由是："保国会只保中国，不保大清。"光绪帝说："保国会能保中国不是很好吗？为什么要查处呢？"这个说法传到外面，康有为等人的影响就更大了。光绪帝想召见康有为，可是奕䜣等人坚决反对，他们的理由是，"根据历来的规矩，四品以下的官员，皇帝是不能召见的。"

可是光绪帝还是要见康有为。奕䜣就搞了一个花样，说："让康有为先写一个书面意见让皇上看看，如果可以实行的话，再接见康有为也不迟。"光绪帝没有办法，就下令康有为写一份奏章，说说他的改革主张。

康有为精心写了一份《应诏统筹全局折》，他指出："从世界各国发展的趋势看，能变法就能使国家富强，小改小革仍然会使国家灭亡。"他还提出了一些具体的内容。光绪帝看了很是欣赏，要总理衙门的大臣讨论。他不顾大臣的反对，要翁同龢把康有为请到颐和园的勤政殿，单独与他交谈。

康有为应召来见光绪帝，他说："现在外敌侵入我

鬼谷子

国的腹地,瓜分的大祸已经临头。我们的国家已经到了生死存亡的紧要关头,不变法就不能使国家强大起来。"

光绪帝难过地说:"是的,现在确实非变法不可了。"

康有为说:"皇上既然知道非变法不可,为什么一直没有什么举动呢?"

光绪帝怕有人偷听,看一看帘外,然后叹息说:"我受到的牵制太多啊!"

康有为点点头表示理解:"那么皇上就自己权力能够做到的,做几件大事也可以救中国的。"

光绪帝表示同意。康有为继续说:"不过,现在的大臣太守旧,不了解世界的大势,靠他们变法是没有希望的。"他略微停了停,说:"我看先不必撤他们的职务,可以增设新的衙门,让一些主张维新的人有职有权就可以了。"

光绪帝点点头,然后说:"改革需要钱,现在国库空虚,钱从哪里来呢?"

康有为说:"日本成立银行,发行纸币;印度抽取土地税。这两种方法我们都可以采用。"

他们谈得很投机,光绪帝更坚定了改革的决心。

第十一章 决篇

这一次接见后，光绪帝准备重用康有为，但是遭到直隶总督荣禄和军机大臣刚毅的反对，光绪帝只好给了康有为一个准许专门上奏章的职位。康有为凭着这个职位，在短短三个月中上了许多奏章，内容涉及到废八股、培养人才，开办学堂，办报纸，振兴工商业、增强军事实力，以及创立宪法、开议会等等，甚至有禁止妇女缠足的内容。光绪帝还分别召见了维新派人物严复和梁启超等人。光绪帝从公元1898年6月11日到9月21日，三个月里几乎天天有新政颁布，要各地各部门认真实行，表现出他对变法的决心。他颁布的内容主要有：设立农工商总局，保护和奖励工农业生产；设立矿务总局，修铁路，开矿山；改革财政，编制每年的预算和决算；办报纸，允许百姓上书议事，给百姓一定的出版、言论自由；改定法律规章；撤消无用的衙门和官员；设立新式学堂，学习西方的科学文化，改革考试制度，奖励科学发明，等等。

因为这一年是旧历戊戌年，所以历史上把这一次变法称为"戊戌变法"。

鬼谷子

决篇第二

圣人所以能成其事①者有五：有以阳德之者，有以阴贼之者，有以信诚之②者，有以蔽匿之③者，有以平素之者。

阳励于一言，阴励于二言，平素、枢机④，以用四者，微而施之。于是度以往事⑤，验之来事⑥，参之平素⑦，可则决之。

王公大人之事也，危而美名者⑧，可则决之；不用费力而易成者⑨，可则决之；用力犯勤苦，然不得已而为之者，可则决之；去患者⑩，可则决之；从福者，可则决之。

【注释】

①成其事：指决事成功。

②以信诚之：用诚心实意、将心交心的方法，感动

第十一章 决篇

对方。

③以蔽匿之：用稍作保留隐实情的方法，宽容对方。

④枢机：关键因素。

⑤度以往事：以过去的经验来度量。

⑥验之来事：运用将来的事情进行判断。

⑦参之平素：以现实的状况来参照。

⑧危而美名者：意谓事情崇高而能提高声誉的。

⑨不用费力而易成者：代价小而容易成功的。

⑩去患者：能消除祸患的。

【译文】

圣人能够成就大事业有五种原因：有的用光明磊落的道德感化人，有的用计谋暗中加害别人，有的用信用和诚实博取别人拥戴，有的用蒙蔽手段掩护他人，有的用公正的方法取信他人。

公开的方法，要尽力做到言语前后一致，讲求信誉；暗中谋事，要真真假假，善于说两种话，使人摸不透自己的真实意图；有时公正，有时机巧。这四种方法都要小心谨慎微妙地加以使用。在决断事情时，要用过去的事进行权量，用将来的事进行进行验证，用平日的

事参验,若可实现,就立刻作出决断。

对于王公大人之事,如属虽然充满危险,但成功之后却能赢得美名之事,一旦合适,就可为其作出决策;不用费力却极易成功者,也可为其决策;虽需花费功夫,忍受劳苦坚辛,却又不得不做,也必须为其作出决策;属于排忧解难之事,如果可行,就要为其作出决策;属于追求幸福之事,只要合适,也得为其作出决策。

【感悟】

决断事物,要从事物前后及发展中加以考察和分析,以过去经验作为决策的依据,以现实条件为参照,从而判断事物未来的发展趋势,进而作出正确的决断。

【故事】

一、苛政猛于虎

"苛政猛于虎"比喻政治的残酷。

此典出自《礼记·檀弓下》:"孔子过泰山侧,有妇人哭于墓者而哀。夫子式而听之,使子路问之,曰:

第十一章 决篇

"子之哭也,壹似重有忧者。"而曰:"然,昔者吾舅死于虎,吾夫又死焉,今吾子又死焉。"夫子曰:"何为不去也?"曰:"无苛政。"夫子曰:"小子识之,苛政猛于虎也。"

这段话意思是说:孔子和他的学生从泰山旁边走过,听到一位妇人在坟边哭得非常伤心。那悲惨沉痛的哭声引起了孔子的注意。于是他叫子路过去问明白。

子路走到妇人身边,询问她痛哭的原因。那妇人摇头。子路又问:"我们听你哭得很凄惨,想必有些使你特别伤心的事情吧?"那妇人才勉强点点头,刚要开口说话,泪水又滚出来了:"就是呀!这一带老虎很多,时常吃人。起初,我的公公在这儿被老虎吃掉,后来,我的丈夫又被老虎吃掉了。唉,前几天,我的孩子又被老虎咬死啦。"

孔子听了,带着点责备的口气问她:"哎呀!那你们这家人为什么不趁早搬走呢?"听了孔子的话,那妇人哭得更伤心了,边哭边说:"先生,你讲得好容易。到别的地方呀!可是,我们办不到。你要知道这儿老虎会伤人,但是这儿却没有苛刻的政治呀!"

妇人的这番话给了孔子很大的启发,他像觉悟到什

么深奥的道理似的,对子路说:"子路,你该记住这句话:苛刻的政治,真比老虎咬人不知厉害多少倍呢!"

二、如火如荼

"如火如荼"比喻像火那样红,像荼那样白,形容军队阵容的壮盛及气势的蓬勃。

此典出自《国语·吴语》:"万人以为方阵,皆白裳、白、素甲、白羽之矰,望之如荼。王亲秉钺,载白旗,以中阵而立。左军亦如之,皆赤裳、赤旗、丹甲、朱羽之矰,望之如火。右军亦如之,皆玄裳、玄旗、黑甲、乌羽之矰,望之如墨。"

吴王夫差为和晋定公争做诸侯的盟主,公元前482年带领大军北上,到黄池(今河南省封兵县西)大会诸侯,订立盟约。因为名次先后问题两家发生了争执,吴国和晋国产生了矛盾,闹僵了。

吴王夫差决定显示一下自己的威风,逼迫晋定公就范,于是就在夜间把三万名吴军分成三份,以一万人为单位,摆成三个方阵。中军全部穿着白色的衣服和盔甲,拿着白色的旗帜和缠有白色羽毛的弓箭,远远望去,就像遍野盛开的白色的茶花(荼:一种开白色花的茅草);左军红裳红旗,远远望去像漫山燃烧的熊熊火焰;右军黑裳黑旗,远远望去好像满天集结着的浓密乌云。到了第二天早晨,吴王亲自击鼓,三万军士一起欢呼响应,那雄壮而高昂的声音把整个会场震得像天崩地裂一般,晋定公看到这种情形,不得不歃血为盟,让吴王做了盟主。

三、声东击西

"声东击西"指嘴上说打这边,实际上却攻打那边,给对方造成错觉,从而转移目标。

此典出自《淮南子·兵略》:"故用兵之道,示之以柔而迎之以刚,示之以弱而乘之以强,为之以歙而应之以张,将欲西而示之以东。"

汉代人岑彭,光武帝刘秀登基后,他被封为廷尉,行大将军事。在削平南郡割据势力的作战中,和秦丰拒战于邓。岑彭率三万多名士兵打了几个月,都毫无进展。为了打破僵局,他施展了一个声东击西的计谋。他声言第二天要去西击山都,有意让俘虏知道。有的俘

 鬼谷子

虏,连夜逃回军营告诉秦丰。秦丰得知后,火速带领部卒赶往山都。岑彭则引兵暗渡沔水,攻打秦丰驻在阿头山的部将张扬。张扬因无准备,大吃败仗。秦丰听到这消息,大吃一惊,急忙前去救援,被岑彭打得大败。岑彭一举击败了秦丰,被封为舞阳侯。

四、师直为壮

"师直为壮"意思是指出兵理由正当,因而斗志旺盛,战斗力强。

此典出自《左传·僖公二十八年》:"师直为壮,曲为老,岂在久乎?"

春秋时,晋楚两国都是强大的国家,小国如宋、郑、曹等一向臣服于楚,后来宋国忽然背叛了楚国改投晋国。楚国立即出兵伐宋。宋国在强兵压境时,派使者向晋国求援,晋文公听了大夫先轸的话,一面叫宋国去劝秦、齐两国和楚国交涉,一面将曹、卫两国君扣留起来作为人质。楚将子玉派人去通知晋兵说:"你们送曹、卫君回去,恢复曹、卫两国,我也就解除宋国的围攻。"晋文公把楚国使者囚在卫国,又暗中答应恢复曹、卫两

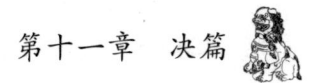

国，于是曹、卫便与楚国断绝关系。

子玉因此非常生气，便率兵攻打晋兵，晋兵奉令后撤。晋军将领非常不满，晋大夫狐偃说："出兵而理直者，就是壮盛的，理亏者，就是衰老的，何必在乎时间的长久？我们若无楚国的恩惠（晋文公曾得楚君之助，得以回国接君位），到不了今天，退九十里避开他们，就是为报楚国旧日的恩惠。如果我们忘恩负义，以仇怨相对，那么，我们理亏，他们理直，他们的士气很旺盛。如果我们退了，他们仍要进军，那就是他们理亏了。"

五、杀群牛喻

这则典故是劝诫所有的人无论修养品德、钻研学问、开创事业，都不要因为一时的挫折、局部的困难而自弃。

此典出自《百喻经》。

过去有一个人喂了二百五十头牛。他经常赶着牛寻找水草充裕的牧场，用心地喂养这群牛。有一天，老虎吃了一头牛。当时，牛群的主人便产生了一个想法：

鬼谷子

"已经丧失了一头牛,这一群牛永远都不会是原来的满数了,剩下的牛还留下作什么呢?"于是马上将牛赶到一个深坑边,把它们全部推入深坑,摔死了。

尘世间的那些蠢人也像这样。他们接受佛祖释迦牟尼的所有戒律,如果自己违反了一条戒律,不仅不知惭愧,反省忏悔,洗刷自己的错误,反而产生这样的念头:"我已经违反了一条戒律,既然不能十全十美了,又何必还要遵守其他的呢?"结果破坏了全部的戒律,没有遵守一条。

六、晋与楚之战

晋国打算攻打郑国。范文子说:"如果按照我的愿望,诸侯都背叛,晋国的危机可以得到缓解。如果只有郑国背叛,晋国的忧患,马上就要到了。"栾书说:"不能在我们这一辈失去诸侯,一定要攻打郑国。"于是发兵攻打郑国。来书率领中军,士燮做他的辅佐;郤锜率领上军,荀偃做他的辅佐。韩厥率领下车;却至做新军的辅佐。荀留守国内。郤犨到卫国,接着到齐国,都是为了请求它们出兵帮助。栾黡前来请求出兵。孟献子

第十一章 决篇

说:"晋国可能取胜了。"鲁成公十六年四月十二日,晋军出兵。

郑国人听到晋国出兵,派人报告楚国,姚句耳同使者一同前往。楚王派兵救援郑国。司马子反率领中军,令尹子重率领左军,右尹子辛率领右军,经过申地,子反去拜见申叔对,说:"这次作战会怎么样?"申叔时回答说:"德行、刑罚、和顺、道义、礼法、信用,是战争的手段。德行用来施行恩惠,刑罚用来纠正邪恶,和顺用来事奉神灵,道义用来创造利益,礼法用来适合时宜,信用用来保持一切财物。百姓生活富裕,道德就端正。举动有利,事情就符合节度;适合时宜,万物就会生成;这样上上下下就会和睦,相处没有矛盾,所要求的没有不具备的,各人都知道自己行动的准则。

所以《诗经》说:'安置老百姓,无不符合准则。因此神灵就降下福祉,四季没有灾害,老百姓生活富裕,齐心听候政令,无不尽心尽力服从上面的命令,冒死来补充战死的人。这就是战争所以能够取胜的原因。现在楚国在国内抛弃它的百姓,在国外断绝友好;亵渎神圣的盟约,说话不算话;违背时令发动战争,

鬼谷子

只求一时快意而不顾老百姓的劳苦,百姓不讲信用,无论是进还是退都是罪过。人们都在担扰自己的结局,还有谁肯去冒死呢?你尽力去做吧!我不会再见到你了。"姚句耳先回来,子驷询问情况。姚句耳回答说:"他们行走快速,经过险要的地方队列不整齐。行动太快,就会考虑不周全。不整齐,就丧失了队列。考虑不周全,丧失队列。凭什么作战呢?楚国恐怕不能依靠了。"

五月,晋军渡过黄河。听到楚国军队就要到达,范文子想要回去,说:"我们如果逃避楚国,可以和缓忧患。会合诸侯,不是我们所能做到的,还是把它留给有能力的人去做吧。我们如果群臣和睦事奉国君,就足够了。"栾书说:"不行。"

六月,晋国、楚国军队在鄢陵相遇。范文子不想作战。却至说:"韩地的那次战役,惠公失败;箕地的那次战役,先轸战死不能回国复命;邲地的那次战役,苟怕失败,这都是晋国的耻辱。您也见到过先君时发生的事了。现在我们逃避楚国,又要增加晋国的耻辱了。"范文子说:"我们先君屡次作战是有原因的。秦国、狄国、齐国、楚国都很强大,不尽力,自己的子孙将要被

第十一章 决篇

削弱。现在三强已经顺服,只有楚国一个敌人了。只有圣人才能做到内外都没有忧患。如果不是圣人,外部安定,内部一定有忧患,何不放了楚国,把它作为外部的戒惧呢?"

三十晦日,楚军在早晨逼近晋军摆开阵势。晋国的军官担心这种情况。范匄快步向前,说:"填井平灶,就在军营中摆开阵势,把队列间的距离隔宽。晋、楚两国都是上天赐予的,有什么可担心的?"范文子拿着戈驱逐他的儿子范匄,说:"国家的存亡这是天意,你小孩子家知道什么?"栾书说:"楚军轻挑,加固营垒等待他们,三天后他们一定撤走。乘他们撤退时我们再袭击他们,一定能够获得胜利。"却至说:"楚国有六个空子,是不能够丢掉的。他们的二个卿关系不好,楚王的亲兵从;日家中选征,郑军虽然摆开阵势,却不整齐严肃。蛮人虽有军队却摆不开阵势,摆阵不避晦日,士兵在阵中喧闹,与敌军相遇就更加喧闹。各军彼此观望后顾,没有斗志决心;从旧家挑选的士兵不一定强悍,晦日出兵犯上天所忌。我们一定能战胜他们。"

楚王登上楼车,瞭望晋军。子重让大宰伯州犁侍立在楚王身边。楚王说:"晋军士兵向左右两个方向驰骋,

鬼谷子

这是干什么?"伯州犁说:"这是召集军官。""都聚集到中军了,伯州犁说:"在共同谋议。""帐幕张开了。"伯州犁说:"这是在先君的神主前占卜。""撤掉帐幕了。楚王问道。伯州犁说;"这是将要发布命令。""喧闹得很厉害,而且尘土飞扬,"楚王说。伯州犁回答说:"这是准备填井平灶摆开队列。"楚王说;"都上战车了,将帅和车右都拿起了武器下车了。"伯州犁说:"这是听取军令。"楚王问道:"他们要作战吗?""还不能知道。"伯州犁回答说。楚王说:"上战车了,将帅和车右又下来了。"伯州犁说:"这是战前的祈祷。"伯州犁把晋侯亲兵的情况告诉楚王。苗贲皇在晋侯旁边,也把楚王亲兵的情况告诉晋侯。都说:"有杰出的人在那里,并且军阵厚实,不能抵挡。"苗贲皇对晋侯说:。楚国的精兵,在他们中军的王族罢了。请求把我们的精兵分去攻打他们的左军、右军,三军向楚王亲兵那里聚集,一定能把他们打得大败。"晋侯让太史占筮。太史说:"吉利。得到复卦。卦辞说:'南方的国家局迫,射它的国王,射中他的眼睛。'国家局迫,国王受伤,不失败,还等待什么?"晋侯听从了。

晋军营前有泥沼,于是晋军都或左或右地避开泥

第十一章 决篇

沼。步毅为晋厉公驾车，栾针做车右。彭名为楚共工驾御战车，潘党做车右。石首为郑成公驾御战车，唐苟做车右。栾、范率领他们的私族夹侍着晋侯前进。晋侯的战车陷入泥沼之中。栾书打算让晋侯登载自己的战车。栾针说："栾书退下去！国家有大事，你怎么能一个人包办？并且侵犯他人的职权，这是冒犯；丢弃自己的职责，这是怠慢；离开自己的部下，这是扰乱。有这样三种罪名，是不能冒犯的。"于是掀起晋侯的战车，推出泥沼。

五月二十九日，潘尪的儿子党和养由基把皮甲重叠而射击，穿透了七层。拿出给楚王看，说："君王有这样两个巨子，对战争还担什么忧？"楚王愤怒地说："别夸海口！明天早上作战，你们如果射箭，将会死在这武艺上。"日锜梦见自己在射月亮，射中，自己却退进了泥沼之中。占卜，说："姬姓，是太阳；异姓，是月亮，一定是楚王了。射中了他，自己也退入了泥沼之中，也一定会战死。"等到作战，射中了楚共王的眼睛。楚王召唤养由基，给他两枝箭，让他射日锜，射中吕传脖子，吕锜伏在弓套上死去。养由基拿了剩下的一枝箭回见楚王复命。

 鬼谷子

却至三次碰到楚王的士兵,见到楚王,一定下车,脱下头盔,向前快走。楚王派工尹襄拿着弓去问候说:"正当战争激烈的时候,有一位身穿浅红色熟皮军服,是个君子!刚才见到我而快走,恐怕是受伤了吧!却至见到客人。脱下头盔接受命令,说:"贵国君王的外臣跟随我们国君作战,托君王的福,参与到披甲胄的行列,不敢拜谢命令。谨向君王报告没有受伤,感谢君王惠赐给我的命令。因为战争,谨向使者肃拜。"三次肃拜使者以后退走。

晋国韩厥追赶郑伯,他的御杜涵罗说:"是否快速追赶?"他们的御者屡次回顾,不在马上,可以追上他们。韩厥说:"不能再次羞辱国君。"于是停止追赶。却至追赶郑伯,他的车有茀翰胡说:"另外派轻兵从小道迎击,我追赶他的战车,并把他俘虏下来。"却至说:"伤害国君要受到刑罚。"也停止追赶。石首说;"卫懿公由于不丢掉他的旗帜,因此在荥泽战败。"于是把旗帜放进弓袋里。唐苟对石首说:"你在国君的旁边,战败者应一心保护自己的国君。我不比您,您带着君王逃走,我请求留下。"于是他战死了。

楚军被逼迫到险要的地方。叔山冉对养由基说。

第十一章　决篇

"虽然国君有命令,为了国家的缘故,你一定要射击。"于是射击。再射,被射中的人都死了。叔山冉抓起一个晋国人投到晋国军队中,击中战车,折断了前车的横木。晋军于是停下来。俘虏楚国公子茷。

染针看到子重的战旗,请求说:"楚国人说那面旌旗是子重的旗号,那个人就是子重了。过去我出使到楚国,子重询问晋国的勇武,我回答说:'喜好整齐',子重又问:'还有什么'?我回答说:'喜欢从容不迫'。现在两国兴兵,不派遣行人,不能说是喜好整齐。面临事情而说话不算数,不可以说从容不迫。请君王派人替我给子重进酒。"晋侯答应了,派人拿着榼装着酒,到了子重那里,说:"我们的国君缺乏使者,让栾针拿着矛侍立在他的身边,因此不能犒劳您的从者,派遣我送酒来。"子重说:"他曾经跟我在楚国说过,一定是这个缘故。他的记忆力不也很强吗?"接过酒就喝了,不留难使者而继续击鼓。早晨开始作战,直到天上出现星星战争还没有停止。

子反命令军官察看伤情,补充步兵与车兵,修整盔甲武器,陈列好战车马匹,鸡叫的时候吃饭,完全听从主帅的命令。晋国因此担心。苗贲皇通告全军说:"检

鬼谷子

阅战车、补充士兵、喂饱马、磨快武器、整顿军阵、巩固队列、吃饱饭，再次祷告，第二天再战斗！"随后故意放松对楚国俘虏的看管让他们逃回去。楚王听到晋军的上述情况后，召集子反商量，毅阳竖献酒给子反，子反喝醉了不能进见。楚王说："这是上天要让楚国失败，我不能等待。"于是乘夜逃走了。

晋军进入楚军军营，吃楚军逃走时留下的粮食吃了三天。范文子站在晋侯的马车前，说："君王年幼，臣子们不才，怎么得到这样的结果？君王要警戒啊！《周书》说：'天命不可能永远不变。'说的是有德的才能享有天下。"

楚国军队回去，到达瑕，楚王派人对子反说："先大夫让军队覆没，当时国君不在军中。现在你没有过错，这是我的罪过。"子反再拜叩头说："君王赐我死，死而不朽。我的士兵确实奔逃，这是我的罪过。"子重派人对子反说："当初让军队覆没的人的结果，你也听说了吧，何不自己打算打算！"子反回答说："即使先大夫没有自杀的事，你命令我死，我岂敢贪生陷于不义。我使君王的军队失败，怎么敢忘记罪该一死？"楚王派人去阻止子反，人还没有赶到，子反就自杀了。

第十一章 决篇

七、韩信拔帜易帜

韩信和张耳率兵攻打赵国，出奇兵突入赵军军营，拔掉赵军旗帜，换上汉军的红色旗帜，使赵军军心大乱，于是大破赵军。

故事说的是公元前204年10月，汉大将韩信与张耳率数万汉军，东下井陉（今河北省井陉），攻打赵国。赵王和赵国大将军陈余在井陉聚集二十万大军，准备抵抗汉军。赵国谋士李左车向陈余献计说："韩信、张耳虽来势凶猛，但我军驻地井陉，地势险要，易守难攻。我军可一面据险坚守，一面派部分奇兵出其不意地袭击汉军粮草辎重，断其后路，可获全胜。"然而陈余并未采用他的计谋。

韩信得知这一消息，心中暗喜，大胆地在距井陉三十里处驻扎下来。当日深夜，韩信选轻骑二千人，人手一面汉军红色旗帜，在夜色掩护下，埋伏在赵军营帐附近的山上。然后，韩信命令这支伏兵等赵军追击汉军离营时，迅速冲入赵营，拔掉赵军旗帜，换上汉军红色旗帜。伏兵出发后，韩信又故意派出一支一万人的军队，

 鬼谷子

背水布阵。背水布阵原是兵家之大忌,会自己断掉自己的退路。赵军见此情景,以为汉军必败无疑。

第二天天刚亮,韩信便指挥汉军向井陉攻击,赵军立即打开营门出战。双方刚一交战,韩信、张耳便命令汉军士兵丢下旗鼓仪仗,向水边阵地撤退。赵军见汉军不堪一击,便倾巢出动,争抢汉军弃物,追击汉军。此时,埋伏在赵军营帐附近的那二千汉军,见赵军营帐皆空,立即冲入赵营,将赵军旗帜全部拔掉,换上了汉军的红色旗帜。赵军回头一看自己的营帐全都插上了汉军旗帜,误以为赵王已被抓住,军心顿时大乱。

韩信、张耳退到水边后,汉军因再也没有退路,便拼命死战,越战越勇;而此时赵军已无心恋战,逃的逃、死的死,很快便被汉军全部消灭。

八、决胜千里之外

汉高祖刘邦为韩信登坛拜将事毕,刘邦问韩信:"丞相萧何等人在我面前多次称赞将军,说你雄才大略,经天纬地,是旷世奇才,将军对我有何指教呢?"韩信说:"现在能与大王争夺天下的,只有项羽。大王估计

第十一章 决 篇

自己的勇猛强悍，比项羽又如何呢？"

刘邦沉默了一会儿，说："那我远远不如他。"韩信听后躬身下拜，恭恭敬敬地说："大王真有自知之明，我也认为大王不如项羽。但是，我在项羽手下做过事，我对他的性格、作风、才能、品行，知道得清清楚楚。项羽可以说是叱咤风云，他的一声大喝，就能吓退千军。但是他有一个致命的弱点，就是人他不能也不会用人。贤臣良将，在他的手下，一筹莫展，毫无用武之地。所以说，项羽虽勇，只是匹夫之勇。项羽待人也是恭敬和仁义的，他关爱部属，遇到将士患有疾病，他能问暖问寒，关注饮食起居。但是，当部属有功该分封行赏时，他却常常舍不得，这种仁其实只是妇人之仁。"接着，韩信又指出项羽背信和滥杀无辜的不义。最后总结说项羽的勇，只是匹夫之勇，项羽的仁只是妇人之仁，所过之处，烧杀抢掳，村庐尽墟，尽失人心。如果汉王能反其道而行之，揽天下贤才，任武功强将，以天下城邑，封有功之臣，让人心悦服，得到天下并非难事。刘邦听后大喜，自认为与韩信相见恨晚，对韩信是言听计从。

后来，刘邦打败项羽，做了皇帝，在洛阳宫大宴群臣时说："我所以能成功，取得天下，是我能知人也能

用人。运筹帷幄之中,决胜千里之外,我不如张良;镇守国家,安抚百姓,筹划粮草,整理财政,我不如萧何;上阵打仗,攻城拔寨,率百万之师战必胜,攻必克,我不如韩信。这三人都是人中之杰,我能用,此三杰。而项羽只有一个范增,还不能用,天下怎么能不属于我呢!"

说到这里,我们不能不提一下项羽。项羽可以说是一位失败的英雄。他24岁在江东起兵反秦,26岁夺得秦朝政权。接着楚汉战争,他与刘邦交手四年,最后败在刘邦手下。死时也不过30岁出头。遗憾的是,究竟为何失败,他临死尚不觉悟,仰天高呼:"天之亡我,非用兵之罪。"司马迁批评他,说他最大的错误是自矜功伐,不肯纳谏,欲以武力经营天下。所以,今天人们称那些没有深谋远虑,又听不进别人意见,只凭武力用事的人为匹夫之勇。

九、项羽骁勇善战

秦朝末年,秦二世胡亥派大将军章邯进攻赵国。章邯派部将王离领二十万军队,把赵王紧紧地包围在

第十一章 决篇

巨鹿，自己亲率二十万大军屯兵城外，以逸待劳，准备打击来救援的军队。赵地危急，赵王多次求救于楚国。楚怀王命宋义为上将军，项羽为次将，率楚军五万人北上救赵。另派刘邦率一支军队攻打咸阳，以策应宋义和项羽。宋义带领人马故意缓缓而行，好容易到了安阳境内（今山东曹县一带），宋义竟然命令军队休整46天。年轻气盛的项羽多次劝说宋义："秦军把赵王围困在巨鹿，我们应该赶快进军，如果我们在外面攻击秦军，赵军必然会作内应，这样秦军必为我们所破。"欲收渔人之利的宋义却说："现在秦军攻赵，如果秦军得胜，他的军队一定十分疲困，我们就趁秦军疲困之时进攻；如果秦军不能取胜，我们就大张旗鼓地向西进军，也一定能打败秦军。"说到这儿，宋义斜视着项羽又说："身穿铁甲，手拿锐利武器去打仗，我不如你；坐下来讲用兵之策，你就不如我宋义了。"项羽心里着急，又向宋义建议道："现在将士都希望我们进兵，协力攻秦，而且今年灾荒严重，百姓饥饿，军队缺粮，久留是不行的。如今秦军强大，大有一举吃掉赵国之势，哪有什么疲困的机会可以利用。楚王把一国之事交付于你，国家安危在此一举，望你

鬼谷子

以国家利益为重。"宋义仍然坚持自己的看法,无论项羽怎样劝说,就是不为所动。项羽无奈,就把宋义杀掉了。

项羽杀了宋义,夺了兵权之后,楚怀王封他为上将军,接替宋义的职位。项羽派英布、蒲将军率两万人,去断秦军的粮道,自己亲率主力跟进,渡过漳水后,破釜沉舟,令士卒只带三天的干粮,准备与秦军决一死战。当时燕、齐、魏国等救赵的军队都已到达巨鹿郊外,却慑于秦军威势,不敢交锋。项羽身先士卒、带领楚军杀进重围。楚军已绝后路,个个奋勇争先,以一当十,结果所向披靡,勇不可挡。燕、齐、魏军在楚军的鼓舞下,也一齐杀向秦军。秦军大败,王离在阵前被俘,章邯边战边退,在今天河南安阳附近走投无路,投降了项羽。至此,不仅巨鹿之围被解,而且秦军主力全部覆灭。

与此同时,由于秦军主力是在赵地作战,原来作为偏师的刘邦,借此机会绕路从秦军防守的薄弱之处攻到了咸阳,屯兵灞上(今陕西西安东南),秦王子婴被迫投降。后来项羽率军来到灞上,随后就发生了"鸿门宴"、"火烧阿房宫"以及后来的"楚汉相争"。

第十一章 决篇

一〇、拓拔焘攻克统万

赫连勃勃建立了夏,都统万,长安为南都,北魏太武帝始光二年,赫连勃勃去世,第二子赫连昌继位,改元承光。大武帝听说赫连勃勃死后,几个儿子你争我夺,关中大乱,便决定西伐,以轻骑兵一万八千余人渡过黄河袭击赫连昌。冬至日,赫连昌正在大吃大喝,北魏军攻到,朝廷内外乱作一团。太武帝拓拔焘亲临战场,指挥部离统万城仅三十余里,赫连昌出城迎战。拓拔焘率兵出击,赫连昌败退入城中,没来得及关上城门,北魏军乘胜攻入夏西宫,焚毁了城西门,晚上在城北宿营。第二天派军队四出袭击,掠夺数万户人家而还。

后来赫连昌派其弟赫连定与司空奚斤在长安对峙,相持不下,拓拔焘又乘虚西伐,从君子津渡过黄河,三万骑兵从小路昼夜兼程。大臣们都劝拓拔焘:"统万城防守严密,不是很容易就能攻克。现在我们派少数骑兵轻装袭击,恐怕没法攻克统万,想退回来也很难。不如同时再派步兵,并带上攻城工具保险。"拓拔焘说:"用

兵打仗，攻城是最下策，万不得已才攻占城池。如果我们带着攻城器械，敌人肯定害怕，也会坚守不出。如果一时攻不下来，粮草耗尽，将士疲惫，又没有什么掠获，这就不是上策。我派轻骑兵到敌人城下，敌人以为来了步兵，一看只有骑兵就会产生轻敌思想。我不过是以此来引诱他们出城决战，如敌人果然出城，我们肯定会获胜。"为什么呢？因为将士离家二千余里，后面又有黄河天险，所谓置之死地而后生，肯定会人人拚命。因此我们派去的军队与敌人决战取胜绰绰有余了，要是攻城当然是不够的。"于是开始行动。

大军屯驻黑水，埋伏在山谷两侧，而以少数军队到统万城下。赫连昌部将狄子玉前来投降，说：赫连昌派人追他弟弟赫连定要他回来，赫连定却说："统万固若金汤，敌人攻克不了，等我除掉奚斤后，再回头来救援你们，内外夹击，保证马到成功。"赫连昌也相信了。拓技焘很厌恶，撤退到城北，让赫连昌觉得自己力量很弱，同时派拓拔健和娥清率五千骑兵到处抢掠。恰好有名士兵犯了军法，逃进统万城，说北魏军队粮草将尽，将士都吃野菜充饥，装备还远远落在后面，步兵也还没到位，现在出击最合适。赫连昌信以为真，率兵出城，步骑兵共三万。北魏司徒长孙翰等都说赫连昌的步兵阵营很难攻破,应暂时躲开其锋芒,等步兵到达后,再出击。拓拔焘说:"不,我们这么远地来,就是为了引诱敌人出城。现在敌人出了城,我们却退却,助长敌人气焰,灭我们威风,不能这样做。"于是率军撤退,佯装逃跑,引得敌人追击,使之疲劳。赫连昌信以为真,呐喊追击,步兵阵势也散开了。跑了五六里,拓拔焘反击了一下,敌人阵脚不乱。又跑了一阵,恰好起了风,负责方术的赵倪劝拓拔焘过两天再反击,崔浩训斥了一通他,拓拔焘便派骑兵分成两翼成犄角之势,他从马上掉下,敌军已逼近,他用马刺刺死了敌尚书斛黎文,并连杀敌十余人。一支流箭射中他,他仍坚持作战。终于大败赫连昌,连城也没进,就投向上都。这样攻克了统万。

一一、粮车藏兵的裴行俭

公元679年(唐高宗调露元年)的一天,唐朝的单于都护(官职名)萧嗣业的粮车正在道上缓缓行走,忽然,突厥(西北少数民族)首领阿史德温傅率领一支叛

鬼谷子

军呐喊着冲杀过来,杀死了这些押车的唐军,夺走了粮车。

第二年,唐高宗任命裴行俭为定襄(在今山西省大同市西南)道行军大总管(相当于元帅),率军前去讨伐突厥人。

裴行俭领兵来到朔州(今山西省朔县)时,叫士兵拉来300辆大车,又挑选了1500名手持大刀强弩的精兵,对他们说:"以前萧嗣业的军粮大多被突厥人抢劫去,所以兵败。现在,突厥还会来这一套的,我们要出其不意,方能打败敌人。"这些精兵领会大总管是将计就计,镇静地藏进粮车之中。裴行俭又让一支部队埋伏在粮车必定经过的险要之处,等待战机。

再说一支突厥的部队远远望见唐军的运粮车又到,喜出望外他说:"唐军又送粮上门啦!"于是闪电般冲上前去。押车的都是老弱残兵,一见来势凶猛的突厥兵,故意惊慌地丢下"粮车",抱头而逃。

突厥兵兴高采烈地驱赶着"粮车"凯旋而归。来到一个碧泉涓涓流动、绿草生意葱茏的地方,他们解开马鞍,让马去喝水吃草。

突厥兵说:"现在让我们看看有多少粮食吧?"

第十一章 决篇

于是，他们纷纷放下手中的刀枪，准备去打开粮车。

这时，粮车突然打开，从车中跃出一个个骁勇无比的唐军，突厥军大惊失色，一时手足无措，当场就被砍下无数脑袋。剩下的赶忙夺略而逃。窜到险要之处，猛听得一阵鼓声。又闪出一支唐军，前后夹击，把这批抢粮的突厥兵杀死大半。后来突厥兵再见到运粮车，就不敢轻易接近了。于是，裴行俭运粮畅行无阻。粮草充足，终于打败了敌人。

公元736年（唐玄宗开元二十四年），突厥人安禄山给奚族（分布在今内蒙古自治区西拉木伦河流域）巡逻兵抓住了。安禄山心想：自己欠了官府的债逃到这儿，给这帮混蛋杀了岂不太冤枉啦！他突然脸呈庄重之色："我是大唐朝廷派来跟奚王和亲的使者。你们杀了我，会惹下弥天大祸的。我们皇帝发怒，你们民族岂不完蛋？"

巡逻兵给吓坏了，忙将他客客气气送到奚王那里。安禄山见到奚王，作揖过后，傲然肃立。奚王满脸春风："大唐使者，远方来的贵宾，先在我们最华贵的宾馆住下吧！"

 鬼谷子

第二天,奚王因怕唐王朝势力强盛,便特派100名壮士跟着安禄山去朝拜大唐皇帝。

安禄山却冲奚王笑了:"你派去的人全是无能之辈,见了大唐天子不怕失了你的面子?久闻你手下琐高(将领称号)大名,为啥不令他带队前往呢?"

奚王听听有理,忙唤来琐高带300壮士,跟随安禄山,星夜兼程,入朝拜见大唐皇帝。

这行人将临平卢(今辽宁朝阳)时,安禄山先派刚收买的心腹进入平卢城,欺骗平卢守将裴休子道:"奚王派琐高和精兵强将攻城来了。他们嘴上说入朝拜见大唐天子,其实想偷袭啊!"

裴休子闻言大怒,马上做好准备,全副武装,出关迎接奚人。

夜深人静,进入宾馆安歇的奚人沉沉睡着。裴休子派来的人突然闯进屋子,一阵砍杀,把奚人随从给消灭得一干二净。

安禄山心中暗喜:"我的借刀杀人之计居然奏效,立功的良机到啦!"他马上捆绑了琐高,押送到幽州节度使张守珪那儿。张守珪大吃一惊:琐高可是奚人中最有才能和盛望的啊,怎么会给这安禄山逮住啦!他对安

禄山赞不绝口，连夜奏请朝廷任命他为果毅（官职名），又提升为将军。

后来，安禄山入朝禀报事情；深得唐玄宗的赏识。

可是，就是这个安禄山，后来在唐玄宗天宝十四年（公元755年）发动"安史之乱"，使天下大乱。

一二、李光弼巧设陷阱

公元757年，叛将史思明率主力围困了太原。太原守将李光弼眼见得敌人势力强大，而守城官兵寡不敌众，于是他决定演一出"诈降计"。

李光弼派人到史思明帐前递了投降书，并且约定了投降的具体日期，以便麻痹敌人，使之不大举攻城。他暗中命令士兵从城内往叛军大营挖地道，将大营下面几乎挖空，上面仅留极薄的土层，用木板和木桩加以支撑，又在地道里布满各种荆棘，将木桩系上绳子同太原城里的机关联系起来。

约定的日期到了，李光弼令副将率领几千人马假装出城投降，自己则率主力守城。史思明见唐军果真如约出城投降，不由大喜，当即下令部队集合，列队受降。

鬼谷子

李光弼见时机到了,一声令下,控制机关的士兵立即拉倒了支撑土层用的木桩。刹那间,敌营陷落下去,营地上的叛军纷纷跌入陷坑之中,死伤不计其数。趁敌人混乱之际。李光弼令旗一挥,唐军将士立即掩杀过去,大败史思明叛军。

一三、四战之地

"四战之地"指兵家屡次相争的四通八达的地方,指战略地位重要。

此典出自《史记·赵世家》:"上乘倍战者,裂上国之地。张守节正义:信战,力攻也。韩国四战之地,军士惯习,倍于余国。"

乐毅是战国时候著名的将领,以多谋善战而闻名于诸侯。燕国燕昭王当政为了报齐国的仇,屈身下士,广招贤者,任命乐毅为上将军,征伐齐国。乐毅联合越国、魏国、楚国共同讨伐齐国,赵惠文王还把相国印件授予乐毅。乐毅以联军统帅的身份率领大军进入齐国。齐军无法抵抗,在济西遭到惨败。乐毅又独自带领燕军攻占齐都临淄,齐王逃到莒地。

第十一章 决篇

乐毅在齐国先后五年，攻占七十多城，为燕国扩大了疆土。燕昭王心满意足，非常感激乐毅，封他为昌国君。燕昭王死后，太子燕惠王即位，开始不信任乐毅了。齐国人田单施用反间计，派人暗地里告诉燕惠王说："乐毅想在齐国称王"，燕惠王信以为真，马上派遣大将骑劫去替换乐毅。乐毅知道自己遭到诬陷，便跑到赵国。乐毅一走，齐国田单立即出兵撵走了骑劫，收复了失去的城池。

燕惠王发现自己上了齐国的当，心里非常后悔，几次写信请乐毅回燕，乐毅都婉言谢绝了。燕惠王只好任命乐毅的儿子乐间为昌国君，掌管燕国的一部分兵马。

有一年，燕王喜打算攻打赵国，他征求乐间的意见。乐间说："赵国不能攻打呀，它的周围全是邻国，是个四面受敌的地方，自古以来就是军事要塞。况且赵国的百姓十分熟悉作战，千万不能去招惹它啊！"

可是燕王求功心切，没有采纳乐间的意见。燕军入赵后，赵国的名将廉颇领兵御敌，结果燕军大败。燕国被迫割地给赵国，赵国才答应与燕国讲和。

从那以后，乐间也去了赵国，不再为燕王出谋划策了。

 鬼谷子

一四、所向无敌

"所向无敌"用以比喻威力强大,没有人能够抵挡。

此典出自《三国志·吴志·周瑜传》:"今将军承父兄余资,兼六郡之众,兵精粮多,将士用命,铸山为铜,煮海为盐,境内富饶,人不思乱,泛舟举帆,朝发夕到,士风劲勇,所向无敌,有何逼迫,而欲送质?"

东汉末年,曹操打败袁绍,统一了北方,势力逐渐强大起来。公元202年,他给吴主孙权写了封信,让孙权把儿子送给他做人质,以示服从。孙权为此事召集文武官员商量对策。文官张昭等人拿不定主意,武将周瑜坚决反对。孙权把周瑜叫到自己的母亲面前商议这件事。

周瑜说:"现在孙将军接管父亲孙坚、哥哥孙策的江山,管理着江东六郡的老百姓,军队善战,粮草又多,将士都服从命令。我们的江山富饶,开山可以炼铜,煮海能够得盐。国内富足,人心稳定,交通方便,乘船远行,早上出发,晚上就可以回来。我们的军队强

第十一章 决篇

壮,一直都有刚强勇敢的好传统,勇往直前所向无敌,有什么困难能逼我们走投无路,非要把儿子送给曹操做人质呢?"

一五、投鞭断流

"投鞭断流"意思是把所有马鞭都投到江里,就能截住水流,比喻人马众多,兵力强大。

此典出自《晋书·苻坚载记》:"前秦苻坚将功晋,太子左卫率石越以为晋有长江之险,不可伐。坚曰:'以吾之众旅,投鞭于江,足断其流,何险之足恃?'"

东晋时,黄河流域以北地区被匈奴、鲜卑、氐、羯、羌等民族割据。他们先后建立了许多国家。后来氐族中的符姓建立了秦国,历史上叫苻秦,也叫前秦。前秦有位知人善任的君主,名叫苻坚,他任用王猛做宰相;王猛替前秦奠定了良好的政治基础,前秦逐渐强大起来,逐步统一了北方。和东晋南北对峙,前秦一心想消灭东晋。由于东晋实力薄弱,前秦君主苻坚就很藐视东晋,准备出兵攻打东晋,大臣苻融劝阻他说:"晋是汉族统一的政府,而且凭借着长江的险固,又有人民拥

鬼谷子

戴,我们是不能攻打它的。"符坚仗着自己国势强盛,兵马众多,骄傲地说:"我统领着百万大军,每个人把鞭子投进长江里,也足够截断长江的水流,驱众前进,他们有什么险固值得倚仗?"后来符坚倾尽全国兵力,和东晋军队在淝水(源出于安徽合肥县紫蓬山,分为两条支流一条东流入巢湖,一条西北流入淮水。)岸上决战,最终被晋军的将领谢玄打败了,前秦不久解体,东晋安定下来,这场有名的战役,史称"淝水之战"。

一六、善治伛者

"善治伛者"讽刺主观性、片面性,轻重倒置,可谓至矣、极矣。

此典出自《笑林》。

平原有个擅长治疗驼背的人宣称:"在我手下治不好这病的,一百个人当中也只有一个而已!"

有一个驼背人,照着弯曲的长短来量有八尺长,依着直立的长短来量只有六尺,便送了很多钱财来请求医治。治驼背的人说:"你躺下。"说着就要站到他背上去用脚踩。

第十一章　决篇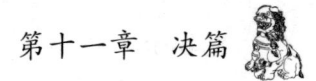

驼背人说:"你要把我害死吗?"

治驼背的人说:"只是想要赶紧把你的曲背治直了,哪里还顾得上你的死活!"

一七、伯颜重击南宋军

元朝军队来到汉口,辛亥日,褚将从汉口决开堤坝,拉船进入沦河,伯颜先派遣万户阿刺罕率军抵御沙芜口的宋军,逼近武矶。阿刺罕察看了阳逻城堡后,率军直奔沙芜,于是元军进入长江。

壬子日,伯颜率领战船万艘,紧跟着到来。伯颜把几千艘战船停泊在沦河湾口,让几十万蒙古、汉军屯驻在长江北岸。诸将们说:"在沙芜的南岸,有宋朝的战船,我们可以攻打他们夺取战船。"伯颜说:"我也知道我们一定可以夺取他们的战船,我担心你们贪图小功,坏了大事,我们一举渡过长江,可以收获全部功劳。"于是下令整治攻城器具,向阳逻堡进军。癸丑日,伯颜派人去劝降,守卫阳逻堡的宋军不投降。

甲寅日,再派人去劝降,守卫阳逻堡的宋朝将士都说:"我们深受宋朝的恩惠,现在正是同心协力拼死战

鬼谷子

斗的时候,怎么会有叛变投降的道理。我们做好了准备,在今天决战,我们来朝的天下,就象赌博把所有的财物都下作赌注一样,是输是赢在这一次了。"伯颜指挥元军攻城,但攻了三天没有攻下来。有个看星相的人赶来对伯颜说:"天道向南运行,金星、木星相互触犯,如果两个星交叉通过,就可以渡过长江。"伯颜让他退出,不叫他再说下去。于是伯颜和阿术秘密谋划说:"宋朝方面认为我们一定要攻下阳逻堡,才能渡过长江。阳逻堡非常坚固,我们再攻打它只会白白费劲。你今天夜里率三千铁甲骑兵,乘船直奔长江上游,这是为了攻打他们虚弱的地方,第二天早晨渡过长江袭击南岸的宋军。过了江以后,就迅速派人通报给我。"

乙卯日,伯颜另派右丞阿里海牙督促万户张弘范、忽失海牙、折的迷失等,先率步兵、骑兵攻打阳逻堡,宋将夏贵赶来增援。于是让阿术乘宋军没有注意,率领万户晏彻儿、忙古歹、史格、贾文备四支军队,逆水西上四十里,在面对青山矶的地方停下来。这天夜里,下起了大雪,阿术从远处看见南岸露出许多沙洲,阿术登上船,把这些沙洲的方位指示给诸将,命令他们直奔这些沙洲,又命令把马装在船上跟在后面。万户史格率领

第十一章 决篇

的那支军队首先渡过长江，但是被宋军的都统程鹏飞击退。阿术往来指挥，在中游和宋军展开血战，最后擒获宋将领高邦显，杀死无数宋朝士兵，程鹏飞七处受伤，失败后逃走，元军缴获一千多艘战船，于是占领了南岸。阿术和镇抚何玮等几十个人，攀登上江岸步行战斗，曾有四次失散后又聚合。宋军凭借江水作为阻挡，元军不能靠近，于是就架起浮桥，列队渡过。

阿里海牙接着派遣张荣实、解汝揖等四支军队，战船首尾相连，直奔夏贵冲来。夏贵领部下几千名士兵首先逃跑，诸军乘机发动进攻，宋军有无数人被杀死或落水淹死，元军追至鄂州东部就撤了回来。丙辰日，阿术派使者来通报已经过江的消息，伯颜听到后非常高兴，指挥诸将猛攻下阳逻堡，杀死宋守将。阳逻堡战役，宋军大败，几十万人，几乎全部死伤。夏贵仅自身幸免于难，逃到白虎山，诸将认为夏贵是宋朝的大将，不能让他逃跑，请求追赶夏贵。伯颜说："阳逻堡战役我们胜利了，我想要派使者前去把这个消息告诉给宋朝人，夏贵逃跑正好代替了我们的使者，不必去追赶他。"丁巳日，伯颜登上武矶山，长江南北，都是元朝的军队，诸将们向他庆贺，伯颜推辞不接受。

 鬼谷子

一八、张献忠起义战

明朝李自成与官军大战的时候,张献忠也把官军杀得人仰马翻。

张献忠是陕西延安卫柳树涧人,穷苦人家出身,在明军里当过兵。与李自成差不多时间里起兵造反,自称"八大王",当上农民军三十六营中一个营的首领。他曾经与高迎祥一起,向江淮地区进兵,攻占凤阳,焚烧皇陵。后来回师转战陕西、安徽、湖北等省。明朝派兵部尚书熊文灿统率六个省的军队,围剿张献忠等人。

张献忠与官军作战,打过胜仗,也打过败仗。有一次,张献忠额头中箭负伤,明将左良玉打马赶来,几乎追上他,刀刃从他的面孔旁边劈过,但他还是脱险了。这时,农民军作战进入低潮,好些队伍向官军投降,张献忠为保存实力,也向熊文灿投降,驻军今湖北谷城。但张献忠并不真听熊文灿的号令,他一心一意训练自己的军队,打造武器,积蓄精力,只是向熊文灿催要饷银。

公元1639年农历五月,张献忠再次举起起义的大

第十一章 决篇

旗,大部分农民军也都重新造反。熊文灿因此被崇祯帝治了罪,大学士杨嗣昌被派来督率官军。

杨嗣昌坐镇襄阳,统率十万大军,气势汹汹。他采用"十面拉网"的战略,企图将农民军一网打尽。张献忠则采取游击战略,忽东忽西,声东击西,将明军打得晕头转向。但因内部出了奸细,张献忠被官军围困在玛瑙山,吃个大败仗,家属也被俘虏。

张献忠突围向西后,重新集结兵力,带着一千多人,像旋风一样冲进四川,转战巴西、成都、泸州。杨嗣昌没有将张献忠看在眼里,他带着重兵跟踪追到四川,进驻重庆。他的监军提醒他:"张献忠可能回兵向东突袭,不能不防备。最好派支人马阻止他回归的道路。"杨嗣昌听不进去,命令所有将领都入川追敌。

他一心要消灭张献忠,张出榜文:"谁活捉张献忠,赏黄金一万两,封侯爵。"可是,第二天,部人就向他禀告:辕门里有张献忠的标语:"有砍杨嗣昌头的,俺老张赏银三钱!"杨嗣昌气得七窍冒烟。

北起广元,南到泸州,西起成都,东到巫山、门,张献忠的军队在四川境内到处活动,攻县城,杀贪官。大批官军来了,他们就转移,几乎把跟在后面的官军拖

 鬼谷子

垮。公元1641年正月，明将猛如虎、刘士杰打探到张献忠在开县的黄陵城，就尽快地追上来，却中了张献忠的埋伏，全军覆没，刘士杰也战死了。

没等杨嗣昌回过神来，张献忠又突然向东杀来。一天一夜急奔三四百里。路上遇到一支官军阻击，张献忠没有与他们纠缠，分一支军队去抵挡，自己率领轻骑兵，继续向东，直奔襄阳。

杨嗣昌这才着急起来，赶快派使者赶去襄阳传达命令：加强防守，等待大军回援。然而使者半路上被农民军捉住。张献忠立即派人带上杨嗣昌的文书、兵符，冒充使者，先混进了襄阳城。夜里，混进城里的农民军突然到处放火，城内一片混乱。他们又在乱中打开城门，大批农民军立即冲进城里。杨嗣昌的辎重全被农民军夺取。

明襄王朱翊铭被农民军活捉，五花大绑，跪在襄王府的大堂上。张献忠叫人放开他，又准备了些酒菜，举起酒杯送到襄王嘴边，说："你尽力喝下这杯酒，我要借你一颗人头，让杨嗣昌因为没有保护好藩王送命。"

襄王吓得咽不下酒去，连求饶命，表示愿献出王府一切金银财宝。张献忠大笑说："你的王府全都在我手

第十一章 决篇

里,还用得着你献!"

襄王被处决了,他的金银财宝、军械粮食,全成了农民军的战利品,一部分被分给穷苦的民众。

杨嗣昌听到襄王被杀的消息,就像五雷轰顶。不久,他又听说李自成攻破洛阳,福王朱常洵的下场与襄王一样。他的精神彻底崩溃了,他有什么脸面回到皇帝和文武百官曾经隆重给他送行的北京,他更怕见到崇祯皇帝!又恨又怕又急,三天吃不下饭,一命呜呼了。

公元1643年,张献忠攻占武昌,捉住楚王朱华奎,将武昌改名天授府,自称大西王。他在所占领的城市,设置官吏,建立政权,统治的地区遍及湖南大部、湖北中南部、江西中部、广东北部和广西的全州。这是张献忠最强盛的时期。

 鬼谷子

决篇第三

故夫决情定疑,万事之机①,以正治乱,决成败,难为者。故先王乃用蓍龟②者,以自决也。

【注释】

①决情定疑,万事之机:意谓决情、断事、定疑,是万事的关键。机,关键。

②蓍龟:蓍草与龟甲。

【译文】

所以,判明情况,解决疑虑,乃是万事之根基。拨乱反正,决定着事情的成败,但这实在是很困难的。因此,即使是圣明的先王,也往往要借助于蓍草、龟草等卜易工具,来帮助自己作出决断。

【感悟】

决断事情,解决疑难,是成就事业的关键,但也是非常困难的事情,为此,一定要慎重考虑。

第十一章 决篇

【故事】

一、老不中书

"老不中书"揭露了最高封建统治者的冷酷无情,需要时则加官进爵,不需要时则一脚踢开。

此典出自《韩昌黎文集·毛颖传》:"颖为人强记而便敏,自结绳之代以及秦事,无不篡录;阴阳、卜筮、占相、医方、族氏、山经、地志、字书、图画、九流、百家、天人之书,及至浮图老子、外国之说,皆所详悉;又通于当代之务,官府簿书,市井货钱注记,唯上所使。自秦始皇帝及太子扶苏、胡亥、丞相斯、中车府令高,下及国人,无不爱重。又善随人意,正直、邪曲、巧拙,一随其人。虽见废弃,终默不泄。唯不喜武士,然见请亦时往。累拜中书令,与上益狎,上尝呼为中书君。上亲决事,以衡石自程,虽宫人不得立左右,独颖与执烛者常侍,上休方罢。颖与绛人陈玄、弘农陶泓及会稽褚先生友善,相推至,其出处必偕。上召颖三人者,不待诏,辄俱往,上未尝怪焉。后因进见,上将有任使,拂拭之,因免冠谢。上见其发秃,又所摹画不

 鬼谷子

能称上意,上嬉笑曰:'中书君,老而秃,不任吾用!吾尝谓君中书,君今不中书邪!'对曰:'臣所谓尽心者。'因不复召。归封邑终于管城。"

这段话意思是说:毛笔先生博闻强记,机敏灵活。从结绳记事的上古时代到秦氏王朝的历代史事,他没有一件不予记载。诸如阴阳、卜筮、相术、医药、姓族、山河地理、字书图画、九流百家、天道人事,以及佛教道家、国外传闻,他都无所不知、无所不晓。除此之外,他还精通当今的事务,凡官府文书、店栈账簿,都听凭人们使用。上自秦始皇帝、太子扶苏、世子胡亥、丞相李斯、中车府令赵高,下至平民百姓,都非常看重他。

毛笔先生还善于随附人的意愿,不管正直、奸邪、圆滑、笨拙的人,全都听凭使唤。有时虽被废弃,也默不作声。但他唯独不喜欢舞枪弄棒的武士,如果邀请,也愿意前往。

毛笔先生后来升官做了中书令,与皇上更加亲近,皇上曾亲昵地称他为中书君。皇上每天都要亲自处理许多奏章,即使宫人都不准站立左右,而唯有毛笔先生和蜡台先生经常在旁边侍候,直到皇上休息为止。

第十一章 决篇

毛笔先生和绛州墨、弘农砚、会稽纸关系非常好,彼此推心置腹,形影不离。毛笔先生和他的三位好友,有时不等皇帝诏令,就直接入宫,皇上也从不怪罪他们。

后来有一次皇上召见毛笔先生,准备任用他,轻轻一拂,毛笔先生脱帽谢恩。皇上见他发疏头秃,所书写的字画也不称心如意,便取笑说:"中书君,您年老头秃,已经不胜任了!从前我曾称您中书,而您现在却不中书了!"毛笔先生回答说:"我算得上是尽心竭力的臣子啊!"但从此以后皇上便不再召用他了。

毛笔先生只好回到自己的封地,老死在笔管里了。

二、率兽食人

"率兽食人"用以比喻不体恤民情,虐待百姓。

此典出自《孟子·梁惠王上》:"庖有肥肉,厩有肥马,民有饥色,野有饿莩,是率兽食人也。"

战国是我国历史上战乱最多的一个时代。诸侯间的连年战争,使百姓流离失所,痛苦异常。孟轲是生活在战国中期的一位思想家。他主张施仁政,并且到齐、

鬼谷子

宋、滕、魏各国去游说，宣传自己的政治主张。

有一次，孟轲在魏国与国君魏惠王（即梁惠王）谈论政事。当谈到如何治理国家的时候，孟轲说：要富国强兵，一定要爱护百姓。针对梁惠王不体恤民情的情况，孟轲说："现在大王王宫的厨房里藏着肥肉，马厩里养着肥马，然而国内百姓却面黄肌瘦，饿殍遍地。这等于率领着野兽去吃人。"

三、先礼后兵

"先礼后兵"意即先以礼节相待，后用强硬手段或武力解决。

此典出自《三国演义》第十一回《刘皇叔北海救孔融，吕温侯濮阳破曹操》："郭嘉谏曰：'刘备远来救援，先礼后兵，主公当用好言答之，以慢备心；然后进兵攻城，城可破也。'"

东汉末年，北海相孔融被黄巾起义军的管亥部队围困，情况紧急。他派人冲出重围，向刘备求援。刚结束战斗，徐州太守陶谦又派人来告急，说徐州被曹操兵马围住，请求刘备去解燃眉之急。

第十一章 决篇

刘备率领关羽、张飞和赵云，冲入曹军，杀出一条血路，长驱直入徐州城内。陶谦将刘备请入府衙，取出徐州牌印，让给刘备，说："目下国事纷乱，朝纲不振，你是汉室宗亲，正该力扶社稷。我已年老昏庸，情愿将徐州相让……"

刘备推辞说："我功微德薄，今来相救本是出自大义，怎敢有吞并之心?!"

二人互相推辞，没有结果，府吏们相劝说："今日兵临城下，首先应该商议退兵之计，让位之事可留待日后再议。"刘备赞成说："我先给曹操写封信，劝他退兵，若他不答应，再与他交战也不晚。"

刘备写道："目前国内忧患无穷，董卓的余党没有肃清，造反的农民到处都是。你应该以朝廷为重，不要图报私仇，你如果撤回徐州之兵，以救国难，那是天下的幸事！"

曹操看完信，火冒三丈，大发雷霆，骂道："刘备是什么人？胆敢来教训我！将送信的人给我斩首，全军上下马上攻城，我看他刘备到底有什么能耐?!"

曹操手下有一位谋士，名叫郭嘉。他是深谋远虑的人。他看曹操怒不可遏，便好言相劝说："不能这样，

鬼谷子

刘备远来救援,先礼后兵,是很合乎礼节的。我们千万不能鲁莽,也应用好话去安抚他,松懈他们的斗志,然后再攻城,就会易如反掌了。"曹操听从了郭嘉的意见,款待送信的使者,又给刘备写了一封回信。曹操正在与使者闲聊的时候,忽然有流星马前来报告,说吕布的军队已经攻破兖州,正在进攻濮阳,曹操顿时惊恐万状,大声喊道:"兖州危急,我们无家可归了,马上撤出徐州!"

郭嘉下达了撤军的命令,然后对曹操说:"我们可以卖个人情给刘备,就说看在他的面子上我们退军了!"

曹操会心地点了点头,又重新给刘备写了一封信。

四、先声夺人

"先声夺人"表示先以强大的声势摧折敌方的士气。

此典出自《左传·昭公二十一年》:"《军志》有之,先人有夺人之心,后人有待其衰。"

春秋时代,宋国的司马华费逐有三个儿子:华貙、华多僚、华登。华多僚深受宋国国君信任。他经常说两个弟兄的坏话,华登被逼逃亡到国外。他又对宋公说:

第十一章 决 篇

"华貙这个人总和反叛的人来往,留着他后患无穷!"

宋公决定打发华貙到国外去,华貙明知这是华多僚的诡计,就和侍从一起杀了他,并召集逃亡的人一起反叛宋国,宋公请来齐国的乌枝鸣帮助防守城池。

这年冬天,逃亡在外的华登率领吴国军队来支援华貙。眼看华登的队伍朝宋国奔来,厨邑的大夫濮对乌枝鸣说:"兵书上说:先张扬自己的声威,可以摧毁敌人的士气;后向敌人进攻,要等待他们的士气衰竭。现在华登的军队长途跋涉,还没有安定下来,正是我们发起进攻的好时机。如果敌人稳住,势头也足,我们就难以打败他们,到时后悔也来不及了。"

乌枝鸣听从濮的建议,第二天就派兵迎击华登,把吴军打得大败,俘虏两个将领,华登领着残兵败将奋力抵抗,拼命向宋公杀去。宋公招架不住,企图逃跑。濮拉住他,说:"我是下臣,我可以为君王战死,但不能护送君王逃跑,君王应该坚持住!"

说完,濮又朝军士们喊:"凡是国君的战士都把旗帜挥舞起来!"

军士们拼命地舞动旗帜,士气很足。这时宋公也尽量壮起胆子,对军士说:"如果国家败亡了,国君死去,

也是大家的耻辱,这不仅是我一个人的罪过,大家拼死战斗吧!"

乌枝鸣命令军士挥起利剑与华登拼搏。齐军和宋军一块攻击华登,华登支持不住,节节败退。濮冲锋在前,一个人刺死华登,将他的头砍下,裹在战袍里,一边奔跑一边狂呼:"我斩了华登,我斩了华登!"

这次战争以宋公获胜而告终。

五、设为不宦

"设为不宦"揭露了玩弄自欺欺人的把戏的人。

此典出自《战国策·齐策四》:"臣邻人之女,设为不嫁,行年三十而有七子。不嫁则不嫁,然嫁过毕矣!今先生设为不宦,訾养千锺,徒百人,不宦则然矣,而富过毕也!"

田子辞。

齐国有一个人去见田骈,对他说:"早听说先生品格高尚,宣称自己不做官,而愿替人服役。"

田骈说:"您从哪儿听到的?"

那人回答:"我从邻居的女儿那里推断出来的。"

田骈诧异地问道:"这话是什么意思?"

那人答道:"我邻居的女儿宣称不嫁人,然而到三十岁便生了七个孩子。不嫁倒是不嫁,然而她的行为已经远远超过出嫁了!如今先生自称不做官,而俸禄上千锺,随从上百人,虽然你没有做官,可是您的富有也远远超过做官了!"

田骈一听,急忙告退。

六、三个臭皮匠,合成一个诸葛亮

"三个臭皮匠,合成一个诸葛亮"比喻人多智慧多,有事情只要大家同心协力,就会想出好办法。

此典出自我国的一句民间谚语。

诸葛亮是三国时蜀汉的一位政治家和军事家。他先做刘备的谋士。刘备采用他的计策,联孙攻曹,取得了赤壁之战的胜利,并占领了荆、益二州,建立了蜀汉政权。刘备称帝后他当了丞相。建兴元年(公元223年),后主刘禅继位,诸葛亮被封为武乡侯,领益州牧,政事无论大小,都由他决定。为了争夺中原,他曾五次伐魏。建兴十二年(公元234年),与魏司马懿在渭南对

鬼谷子

峙，病死于五丈原军中。相传诸葛亮曾革新连弩，能同时发射十箭，又制造了"木牛流马"，有利于山地运输。诸葛亮的聪明才智在历史小说《三国演义》中得到进一步夸张，以至于他成了智慧的化身和神话般的人物。